# 塩クッキーとケーキ

甘くないから、軽食にもおつまみにも

加藤里名

家の光協会

はじめに

クッキーというと、甘いクッキーをイメージする方が多いかと思いますが、
塩気のあるクッキーを楽しむシチュエーションは身近なところにあります。

フランスの豊かな食文化を象徴する習慣のひとつにアペリティフがあります。
「アペリティフ（apéritif）」とはフランス語で「食前酒」という意味のほか、
お酒や軽いおつまみを楽しむ時間に対して使われる言葉でもあります。

昔から、自宅に友人や知人を招くことが多かった我が家では、
「まずはアペリティフから」と、両親がお酒とともに
塩クッキーやグリッシーニ、タルトフランベなど塩気がきいた焼き菓子などで、
招いた方々を迎えるのが習慣となっていました。

今では私自身も友人を家に招く際は、塩気のあるクッキーを
器や缶に盛って出したり、ディップとともにブリニをつまんでもらったりして、
近況を聞きながらディナーに向けての時間を過ごすこともしばしば。
お酒に加え、このちょっとした焼き菓子が、
到着したばかりのみんなの気持ちをゆったりと穏やかにし、
会話をスタートするきっかけになっています。

本書では塩味のクッキーはもちろん、マフィン、ケークサレ、スコーンといった、
朝食やランチなどの軽食にぴったりのメニューなども紹介しています。
ほとんどのメニューは甘みが少なく、塩味やチーズの風味がきいており、
甘いものが苦手な方にもぴったりです。

ときには甘いクッキーとともに、
塩味のクッキーを楽しむのもいいスパイスとなります。
みなさまにとって、このレシピがご自身の貴重な時間を楽しむ
きっかけのひとつとなればうれしいです。

加藤里名

CONTENTS

材料について　6
道具について　7
作る前に知っておきたいこと　8

# CHAPTER ONE

## サクサク塩クッキー

### バターで作るクッキー —————— 10
塩クッキー　10
レーズンバターサンド　11
チーズクッキー　14
カレークッキー　14
ディルとレモンのショートブレッド　16
レーズンクッキー　18
しょうゆのパヴェ　19
トマトジャムクッキー　20
チーズプレッツェル　22

### バターで作るディアマン —————— 24
塩とこしょうのディアマン　24
山椒と白ごまのディアマン　25
ココアとカルダモンのディアマン　25

### オイルで作るクッキー —————— 29
ハーブクッキー　29
トマトクッキー　31

### オイルで作るグリッシーニ —————— 32
全粒粉のグリッシーニ　32
干しえびと青のりのグリッシーニ　33
黒オリーブとトマトのグリッシーニ　33

### オイルで作るクラッカー —————— 36
全粒粉のクラッカー　36
ごぼうとにんじんのクラッカー　37
ラボッシュクラッカー　39

### 冷凍生地で作るパイ —————— 40
黒ごまのスティックパイ　40
アーモンドのスティックパイ　40
バジルペーストのうずまきパイ　42
洋梨とゴルゴンゾーラのパイ　44
タプナードソレイユパイ　46

### 生地から作る型なしタルト —————— 48
トマトのタルト　48
りんごのタルト　49
タコスミートタルト　53

### おつまみナッツ —————— 54
五香粉ナッツ　54
青のりアーモンド　54

# CHAPTER TWO

## しっとりお総菜ケーキ

### バターで作るマフィン ——— 58
塩マフィン 58
かぼちゃとクミンのマフィン 59
とうもろこしのマフィン 62
マーマレードとベーコンのマフィン 62

### オイルで作るケークサレ ——— 64
ソーセージとピスタチオの
　ケークサレ 64
玉ねぎキャラメリゼといちじくの
　ケークサレ 65

### バターで作るスコーン ——— 68
プレーンスコーン 68
チーズとバジルのスコーン 69
ズッキーニとレモンのスコーン 69
青ねぎガーリックスコーン 73

### ブリニとディップ ——— 74
ブリニ 74
スモークサーモンのディップ 76
枝豆のディップ 76
赤パプリカのフムス 77
たらのブランダード 77
カリフラワーのカレーディップ 77

### そば粉のガレット ——— 78
クリームチーズとサーモンの
　ガレットロール 78
マッシュルームとハムのガレット 80
ガレットチップス
　リエットとラズベリージャム添え 81

### パンアレンジ ——— 82
フレンチトーストサレ 82
こしょうのラスク 83

# CHAPTER THREE

## お酒に合う大人のお菓子

チーズテリーヌ 86
バニラスフレ 88
いちじくの生チョコ 90
ポドクレームショコラ 90
バルサミコラズベリーソースと
　シェーブルのアイスクリーム 92
ブランデーケーキ 94

## COLUMN

おつまみクッキー缶の楽しみ方 56
ケーキ類のラッピングアイディア 84

# 材料について

本書のクッキーや焼き菓子に使う基本の材料を紹介します。
特別な材料をそろえる必要はありませんが、
主材料である薄力粉は、お菓子によって種類を選ぶとよりおいしく作れます。

### 薄力粉

薄力粉はお菓子によって使い分けます。サクサク感を出したいクッキー、クラッカー、タルトはエクリチュール。ふんわり仕上げたいマフィン、ケークサレ、スコーン、ブリニはスーパーバイオレットかバイオレット、またはドルチェ。強力粉はカメリアを使用。

### バター、オイル

バターは食塩不使用のよつ葉バターを、オリーブオイルはエクストラバージンオリーブオイルを使っています。バターは常温に置いてやわらかくして使う場合と、適度なサイズに切ってしっかり冷やして使う場合があり、バターの状態ができ上がりに影響します。

### 塩

本書では、甘さを控えて塩気をきかせた塩クッキーや、塩味のグリッシーニ、クラッカーなどを多数紹介しています。生地に混ぜる塩はお好みのものでよいですが、トッピング用には粒の粗いものを使うと、ガリッとした食感がアクセントになりおいしいです。

### 卵

Mサイズの卵を使います。全卵1個は約50gで、そのうち卵黄は約20g、卵白は約30gと覚えておくとよいでしょう。卵液は生地に混ぜるときに分離しやすいので、何回かに分けて入れ、その都度よく混ぜて、しっかり混ざりきったら次の卵液を加えること。

### チーズ

塩気のあるクッキーには欠かせない食材。ハードタイプや非熟成のクリームチーズなど、味や風味、食感もさまざま。本書では主に5種類を使い分けており、P.8で詳しく紹介しています。かたまりのチーズはチーズ削り器で細かく削ってから使いましょう。

### スパイス

塩系のクッキーや焼き菓子はスパイスとの相性が抜群。本書では、手に入りやすく使いやすいクミンパウダー、カレー粉、粗びき黒こしょうを主に使います。スパイスを加えると、大人っぽい香りでくせになる味わいに。開封したてのものは香りが立ちます。

### ハーブ

スパイスと同様、ハーブのさわやかな香りも塩系の焼き菓子を引き立てます。フレッシュなディルやバジルの葉、ドライのローズマリーやハーブミックスなどが使いやすいです。チーズやトマトなどと組み合わせてもよく、軽い食事やおつまみになります。

### 冷凍パイシート

パイ生地は一から作ると大変なので、市販のパイシートを活用します。冷蔵庫で解凍してから、使いたいサイズに伸ばして成形するだけ。生地がダレやすいので、冷蔵庫で冷やしながら作業をするとよいでしょう。純バターを使ったパイシートがおすすめです。

# 道具について

お菓子作りに必要な基本の道具を紹介します。
それぞれの道具がどのお菓子を作るのに必要なのか、
確認してから道具を準備するとよいでしょう。

### ボウル

生地を混ぜるときに使います。直径23×深さ11.5cmくらいの大きさで、ある程度の重さがあるものが安定していて使いやすいです。卵白を泡立ててメレンゲを作るときはひと回り小さいサイズのほうが作業しやすいため、大小あるとよいでしょう。

### ゴムべら、泡立て器、カード

生地を混ぜるときは、ゴムべら（左）か泡立て器（中）のどちらかを使います。泡立て器は素早くまんべんなく混ぜるときに、ゴムべらは生地を切ってはすくって混ぜるときに主に使用。カード（右）は生地を切ったりこそげたりするときなどに使います。

### 麺棒、ルーラー、刷毛

生地を伸ばして作るクッキーなどに必要な道具。伸ばしたい厚さのルーラー（左）を左右に置いて麺棒（中）で生地を伸ばすと、素早く均一な厚さにできます。サイズ違いで何本かあるとよいでしょう。刷毛（右）は塗り卵（全卵）などを塗るときに使います。

### 包丁、定規

クッキーの生地を切るときに主に使います。同じサイズや厚さに切りそろえると、焼き上がりが均一になるので、定規を当てて包丁で印をつけてから、均等に切りましょう。切るときは包丁の先をまな板に当て、押し下げるようにするときれいに切れます。

### オーブンシート、シルパン

オーブンシート（上）はお菓子を焼くときにオーブンの天板に敷くほか、生地を伸ばすときにこれで挟むと、生地が伸ばしやすいです。シルパン（下）はクッキーなどを焼くときにオーブンシートの代わりに使うと、生地が広がらずサクッと焼けます。

### 型

本書で使う型は以下の5種類。型抜きクッキーには直径5cmの菊型と丸型。他に直径6cmの丸型、縦18×横8.5×高さ6cmのパウンド型、そして口径6.5×高さ3cmのマフィン型です。クッキーやスコーンを型で抜くときは粉をつけるとくっつきません。

### 焼き網、パレットナイフ

クッキーや焼き菓子ができ上がったら、すぐに焼き網にのせて粗熱が取れるまで冷まします。こうすることでそれ以上に火が入るのを防ぎ、サクッと、またはふんわり仕上がります。その際にパレットナイフがあると小さいクッキーなどは移動しやすいです。

### チーズ削り器

ハード系のチーズはかたまりの場合、専用のチーズ削り器で削ってから生地に混ぜ込みます。マイクロプレインのゼスターグレーターが使いやすくおすすめ。レモンの皮を削るときにも活用できます。お菓子だけでなく、料理にも使えるので持っておくと便利。

## 作る前に知っておきたいこと

お菓子作りの基本となるポイントをご紹介します。
全レシピに共通するのは、材料をそれぞれ適温に戻し、
すべて計量してから作業すること。
下準備をしっかり行ってから作りはじめてください。

### ● バターで作るクッキーの共通ポイント
→ P.10-23

＊バターを常温に戻す際、指で押してやや抵抗があるくらいのかたさが理想。ポマード状までやわらかくすると、生地がダレやすく、作業しづらくなります。
＊バターと液体類をしっかり乳化させると、焼き上がってから時間がたってもおいしい状態を保てます。
＊粉類を入れたら、練らないでさっくりと混ぜます。混ぜすぎるとかたくなるので、注意すること。

### ● バターで作るディアマン、タルト、スコーンの共通ポイント
→ P.24-28、P.48-53、P.68-73

この3つの焼き菓子は、冷やしたバターとその他の材料を切って細かくし、粉状にするまでは共通の作業です。その際、常にベタつかずサラサラした状態が理想。ベタついてきたら冷蔵庫に入れ、バターを冷やしながら作業すること。フードプロセッサーでも作れます。

### ● スコーンの共通ポイント
→ P.68-73

スコーンは特に生地がダレないように注意。夏場は液体類も冷蔵庫に入れて冷やしてから作業するとダレにくく、作業しやすいです。オーブンの庫内をしっかり温め、高温で焼くと立ち上がりがきれいになります。

### ● オーブンについて

電気オーブンを使用しています。オーブンは機種によって焼き具合が異なりますので、状態を見て調整してください。オーブンの扉を開けたときに庫内の温度が下がるため、基本的に予熱は焼く温度より10度高く設定しています。

### ● 保存について

＊焼く前の生地は、バターで作るクッキーやスコーンで2週間、ディアマンで1か月冷凍保存できます。ひとまとめにしてラップや保存袋に包んで保存しましょう。冷蔵庫で解凍してから使います。
＊クッキーの賞味期限は、袋にシリカゲルを入れて密封し、常温で2週間ほど。湿気てしまったクッキーは170度のオーブンで3〜5分焼くとサクッとした状態に戻ります。マフィン、ケークサレ、スコーンなども、オーブントースターや電子レンジで温め直すとおいしいです。

### ● チーズについて

本書では主に5つのチーズを使い分けています。
手に入りやすく、お菓子に使いやすいものを選びました。

・パルミジャーノ・レッジャーノ（下写真・右）
イタリア北部で作られるハードタイプのチーズ。熟成を経ており、お菓子などに塩味をプラスするほか、うまみと芳醇な香りを感じられる。ちなみにパルメザンチーズはパルミジャーノ・レッジャーノとは異なり、産地に明確な定義がなく、粉チーズの総称として使われることもある。高い香りと風味を味わいたければ、パルミジャーノ・レッジャーノを使用することをおすすめする。

・チェダーチーズ（中央下）
イギリスやオーストラリアなどで作られるハードタイプのチーズ。ナッツのようなコクがあり、軽い酸味とクリーミーな舌触りで、口当たりもあっさり。肉類との相性がよいので、ベーコンやナッツ系の焼き菓子と合わせている。

・エメンタールチーズ（中央上）
スイスの代表的なチーズ。塩分が控えめで、クセがなくマイルド。かむほどに味わいを感じられ、加熱するとさらに豊かな香りを感じることができる。

・リコッタチーズ（左上）
名前の由来はリコッタ＝二度煮るという意味。ホエイ（乳清）から製造し、低脂肪なのが特徴。さっぱりした味で、やわらかで口当たりがよく、ミルクの自然な甘さが残っている。お菓子に使われることも多く、ワインとの相性もよい。本書ではトマトのタルトなどに使用。

・クリームチーズ（左下）
牛乳や生クリームを主原料として作られる非熟成のチーズ。さわやかな酸味とクリーミーでなめらかな口当たりが特徴。チーズケーキなどのお菓子に使われるほか、サーモンなど魚との相性もよい。ブランドによって酸味や塩味が異なる。

サクサク塩クッキー

CHAPTER ONE

CHAPTER ONE

## バターで作るクッキー

01

02

レーズンバターサンド　　作り方 P.12

CHAPTER ONE

## 01 塩クッキー

サクッとした食感の、甘じょっぱいクッキー。
砂糖はぎりぎりの量に抑え、塩気をきかせました。
食べ始めたら止まらなくなる、クセになる味わい。

**材料（2.5cm四方18個分）**
バター ― 55g
塩 ― 2g
グラニュー糖 ― 20g
牛乳 ― 10㎖
＊薄力粉 ― 80g
＊ベーキングパウダー ― 1g
塗り卵（全卵） ― 適量
粗塩（散らす用） ― 適量

**下準備**
・バターは常温に戻しておく[a]。
・粉類（＊）は合わせておく。
・オーブンは焼く前に180度に予熱する。

1 ボウルにバターを入れて泡立て器ですり混ぜ、なめらかにする[b]。
2 塩、グラニュー糖を加えてすり混ぜ、牛乳を加えてなじむまで同様にすり混ぜる。
3 ゴムべらに持ち替えて、粉類をふるいながら2回に分けて加える[c]。2、3回切ってはすくい上げるようにし[d]、混ざったら[e]、台に出して10回ほどすり付けて生地をなじませる[f]。
4 生地をカードでまとめてオーブンシートで挟み、1cmの厚さに麺棒で伸ばす[g]。上下左右をカードで切りながら、7.5×12.5cmほどの長方形に整えておくとカットしやすい[h]。ラップで包み、1時間ほど冷蔵庫で冷やし固める（ひと晩寝かせると素材同士がよりなじむ）。
5 定規を当てて包丁で印をつけ[i]、2.5cm四方に切る[j]。シルパン（またはオーブンシート）を敷いた天板に間隔を空けて並べる。残った生地は再度まとめて同様にカットする（生地がダレやすいので注意）。刷毛で塗り卵を塗り、少量の粗塩をのせる[k]。
6 オーブンを170度に下げて18〜20分、裏面にも焼き色がつくまで焼き[l]、網の上で冷ます[m]。

## 02 レーズンバターサンド

塩クッキーとほぼ同じ生地で作った薄焼きクッキー。
レーズンバターをサンドしてもよいですが、
そのまま食べてもおいしい。

**材料（直径5cm6組分）**
バター ― 55g
塩 ― 2g
グラニュー糖 ― 20g
牛乳 ― 10㎖
＊薄力粉 ― 100g
＊ベーキングパウダー ― 1g
レーズンバター
　｜ バター ― 100g
　｜ レーズン ― 30g
　｜ ラム酒 ― 10㎖

**下準備**
・塩クッキーと同様。
・レーズンは湯通しし、ラム酒に30分以上漬けておく。

1 塩クッキーの1〜3と同様に生地を作る。
2 生地をカードでまとめてオーブンシートで挟み、4mmの厚さに麺棒で伸ばす。ラップで包み、1時間ほど冷蔵庫で冷やし固める。
3 直径5cmの丸型で抜き、シルパン（またはオーブンシート）を敷いた天板に並べ、フォークでまんべんなく穴を開ける。
4 オーブンを170度に下げて15分ほど、裏面にも焼き色がつくまで焼き、網の上で冷ます。
5 レーズンバターを作る。常温に戻したバターをゴムべらでなめらかにし、汁気をきったレーズンを加えて混ぜる。ラップにのせて直径3cmの棒状に包み、両端をキャンディー状にねじる。冷蔵庫で冷やし固める。
6 レーズンバターを適量切り、クッキー2枚で挟む。

CHAPTER ONE

PAGE 14

## 03 チーズクッキー

チーズのおいしさをシンプルに味わえるクッキー。
サクサクッとした軽い口当たりで
強めの塩気の中に、ほのかに甘みを感じます。

材料（直径5cm 12枚分）
バター ― 50g
塩 ― 1g
グラニュー糖 ― 15g
粗びき黒こしょう ― 0.5g
全卵 ― 10g
パルミジャーノ・レッジャーノ
　（削ったもの）― 50g
薄力粉 ― 50g
塗り卵（全卵）― 適量
パルミジャーノ・レッジャーノ
　（散らす用）― 適量

下準備
・バター、全卵は常温に戻しておく。
・オーブンは焼く前に170度に予熱する。

1. ボウルにバターを入れて泡立て器ですり混ぜ、なめらかにする。
2. 塩、グラニュー糖、黒こしょうを加えて同様にすり混ぜる。全卵は2回に分けて加え、その都度なじむまですり混ぜる。
3. ゴムべらに持ち替えて、パルミジャーノを加えて押さえるようになじませる。
4. 薄力粉をふるいながら2回に分けて加える。2、3回切ってはすくい上げるようにし、混ざったら、台に出して10回ほどすり付けて生地をなじませる。
5. 生地をカードでまとめてオーブンシートで挟み、4mmの厚さに麺棒で伸ばす。ラップで包み、1時間ほど冷蔵庫で冷やし固める。
6. 直径5cmの菊型で抜き [a]、シルパン（またはオーブンシート）を敷いた天板に並べ、フォークでまんべんなく穴を開ける。刷毛で塗り卵を塗り、パルミジャーノを散らす。
7. オーブンを160度に下げて15〜17分、裏面にも焼き色がつくまで焼き、網の上で冷ます。

a

## 04 カレークッキー

チーズクッキーにカレー粉を加えた応用編。
チーズとスパイスはよく合います。
トッピングしたクミンの香りもエキゾチック。

材料（直径5cm 12枚分）
バター ― 50g
塩 ― 1g
グラニュー糖 ― 15g
粗びき黒こしょう ― 0.5g
全卵 ― 10g
パルミジャーノ・レッジャーノ
　（削ったもの）― 40g
＊薄力粉 ― 50g
＊カレー粉 ― 4g
塗り卵（全卵）― 適量
クミンシード（散らす用）― 適量

下準備
・チーズクッキーと同様。
・粉類（＊）は合わせておく。

1. チーズクッキーの1〜3と同様に作る。
2. 粉類をふるいながら2回に分けて加える。2、3回切ってはすくい上げるようにし、混ざったら、台に出して10回ほどすり付けて生地をなじませる。
3. 生地をカードでまとめてオーブンシートで挟み、4mmの厚さに麺棒で伸ばす。ラップで包み、1時間ほど冷蔵庫で冷やし固める。
4. 直径5cmの丸型で抜き、シルパン（またはオーブンシート）を敷いた天板に並べ、フォークでまんべんなく穴を開ける。刷毛で塗り卵を塗り、クミンシードを散らす。
5. チーズクッキーの7と同様に焼く。

CHAPTER ONE

PAGE
16

# 05 ディルとレモンのショートブレッド

塩クッキーの応用レシピで
ディルとレモンをきかせたショートブレッド。
甘さ控えめでさわやかな香りが広がります。

材料 （2×5cm 12個分）
バター — 55g
塩 — 2g
グラニュー糖 — 20g
レモンの皮 — 1個分
牛乳 — 10ml
＊薄力粉 — 80g
＊ベーキングパウダー — 1g
ディルの葉 — 7本分
　（太い芯は除いて1.5g）

下準備
・バターは常温に戻しておく。
・粉類（＊）は合わせておく。
・レモンの皮はチーズ削り器で削り[a]、グラニュー糖と合わせておく[b]。
・ディルは太い芯を取り除き、粗く刻む[b]。
・オーブンは焼く前に160度に予熱する。

1　ボウルにバターを入れて泡立て器ですり混ぜ、なめらかにする。
2　塩、グラニュー糖と合わせたレモンの皮を加えてすり混ぜ、牛乳を加えてなじむまで同様にすり混ぜる。
3　ゴムべらに持ち替えて、粉類をふるいながら2回に分けて加える。2、3回切ってはすくい上げるようにし、混ざったらディルも加え、台に出して10回ほどすり付けて生地をなじませる。
4　生地をカードでまとめてオーブンシートで挟み、1cmの厚さ、10×12cmほどの長方形に麺棒で伸ばす。ラップで包み、1時間ほど冷蔵庫で冷やし固める。
5　包丁で2×5cmに切り[c]、竹串で2か所、生地の厚みの半分まで穴を開ける[d]。シルパン（またはオーブンシート）を敷いた天板に並べる。
6　オーブンを150度に下げて30分ほど、裏面にも焼き色がつくまで焼き、網の上で冷ます。

a　　b　　c　　d

CHAPTER ONE

## 06 レーズンクッキー

甘さ控えめのレーズンクッキーは
ラム酒に漬けたレーズンが大人っぽい味わい。
レーズンは水分を含むため、賞味期限は4日ほど。

**材料（4cm四方30枚分）**
バター — 50g
塩 — 1g
きび砂糖 — 30g
全卵 — 1/2個（25g）
＊薄力粉 — 90g
＊アーモンドパウダー — 20g
＊ベーキングパウダー — 1g
レーズン — 60g
ラム酒 — 10㎖
塗り卵（全卵） — 適量

**下準備**
・バター、全卵は常温に戻しておく。
・粉類（＊）は合わせておく。
・レーズンは湯通しし、ラム酒に30分
　以上漬けておく。
・オーブンは焼く前に170度に予熱する。

1　ボウルにバターを入れて泡立て器ですり混ぜ、なめらかにする。
2　塩、きび砂糖を加えてなじむまで同様にすり混ぜる。全卵は2回に分けて加え、その都度ツヤが出るまですり混ぜる。
3　ゴムべらに持ち替えて、粉類をふるいながら2回に分けて加える。2、3回切ってはすくい上げるようにし、混ざったら、台に出して10回ほどすり付けて生地をなじませる。
4　汁気をきったレーズンを加え、生地をカードでまとめてオーブンシートで挟み、5mmの厚さに麺棒で伸ばす。ラップで包み、1時間ほど冷蔵庫で冷やし固める。
5　包丁で4cm四方に切り、シルパン（またはオーブンシート）を敷いた天板に並べ、フォークでまんべんなく穴を開ける。刷毛で塗り卵を塗る。
6　オーブンを160度に下げて17〜19分、裏面にも焼き色がつくまで焼き、網の上で冷ます。

## 07 しょうゆのパヴェ

しょうゆの香ばしい香りと、
トッピングの七味唐辛子がアクセント。
和風味のひと口サイズのクッキーです。

材料（2cm四方 30個分）
バター — 55g
グラニュー糖 — 20g
アーモンドパウダー — 15g
濃口しょうゆ — 10mℓ
＊薄力粉 — 75g
＊ベーキングパウダー — 1g
塗り卵（全卵）— 適量
七味唐辛子（散らす用）— 適量

下準備
・バターは常温に戻しておく。
・粉類（＊）は合わせておく。
・オーブンは焼く前に170度に予熱する。

1 ボウルにバターを入れて泡立て器ですり混ぜ、なめらかにする。
2 グラニュー糖を加えてなじむまで同様にすり混ぜる。アーモンドパウダーをふるい入れ、しょうゆも加えて同様に混ぜる。
3 ゴムべらに持ち替えて、粉類をふるいながら2回に分けて加える。2、3回切ってはすくい上げるようにし、混ざったら、台に出して10回ほどすり付けて生地をなじませる。
4 生地をカードでまとめてオーブンシートで挟み、1cmの厚さ、10×12cmほどの長方形に麺棒で伸ばす。ラップで包み、1時間ほど冷蔵庫で冷やし固める。
5 包丁で2cm四方に切り、シルパン（またはオーブンシート）を敷いた天板に並べる。刷毛で塗り卵を塗り、七味唐辛子を散らす。
6 オーブンを160度に下げて15分ほど、裏面にも焼き色がつくまで焼き、網の上で冷ます。

CHAPTER ONE

# 08 トマトジャムクッキー

甘酸っぱいトマトジャムとチェダーチーズ、
バジルの組み合わせがおつまみにぴったり。
湿気やすいので、その日のうちに食べるのがおすすめ。

材料（約25個分）
バター — 50g
塩 — 1g
きび砂糖 — 15g
粗びき黒こしょう — 0.5g
全卵 — 10g
レッドチェダーチーズ（削ったもの）
　— 40g
薄力粉 — 60g
バジルの葉（細かく刻む）
　— 4枚（2g）
トマトジャム
　┃ ミニトマト — 200g
　┃ きび砂糖 — 50g
　┃ 白ワインビネガー — 10mℓ

下準備
・バター、全卵は常温に戻しておく。
・オーブンは焼く前に180度に予熱する。

1　トマトジャムを作る。ミニトマトはヘタを取って半分に切る。鍋にすべての材料を入れて中火にかけ、沸騰したら7〜8分煮詰める。ほぼ水分がなくなったら耐熱容器に入れて冷ましておく。
2　ボウルにバターを入れて泡立て器ですり混ぜ、なめらかにする。
3　塩、きび砂糖、黒こしょうを加えてなじむまで同様にすり混ぜる。全卵は2回に分けて加え、その都度ツヤが出るまですり混ぜる。
4　ゴムべらに持ち替えて、チェダーチーズを加えて押さえるようになじませる。
5　薄力粉をふるいながら2回に分けて加える。2、3回切ってはすくい上げるようにし、混ざったらバジルを加え、台に出して10回ほどすり付けて生地をなじませる。
6　生地をカードでまとめてオーブンシートで挟み、1cmの厚さに麺棒で伸ばす。ラップで包み、1時間ほど冷蔵庫で冷やし固める。
7　7gずつに丸め[a]、シルパン（またはオーブンシート）を敷いた天板に並べる。親指や小さな計量スプーンなどで真ん中をへこませ[b]、トマトジャムをのせる[c]。
8　オーブンを170度に下げて15分ほど、裏面にも焼き色がつくまで焼き、網の上で冷ます。

a　　　b　　　c

CHAPTER ONE

PAGE 22

# 09 チーズプレッツェル

プレッツェルの形に作ったチーズクッキー。
形が変わると、食べたときの印象も変わります。
複雑な形に見えますが、両端を中央でクロスさせるだけ。

**材料**（約25個分）
バター — 50g
塩 — 1g
グラニュー糖 — 10g
全卵 — 15g
パルミジャーノ・レッジャーノ
　（削ったもの）— 30g
＊薄力粉 — 80g
＊ベーキングパウダー — 1g
パルミジャーノ・レッジャーノ
　（散らす用）— 適量

**下準備**
・バター、全卵は常温に戻しておく。
・粉類（＊）は合わせておく。
・オーブンは焼く前に180度に予熱する。

1　ボウルにバターを入れて泡立て器ですり混ぜ、なめらかにする。
2　塩、グラニュー糖を加えてなじむまで同様にすり混ぜる。全卵は2回に分けて加え、その都度ツヤが出るまですり混ぜる。
3　ゴムべらに持ち替えて、パルミジャーノを加えて押さえるようになじませる。
4　粉類をふるいながら2回に分けて加える。2、3回切ってはすくい上げるようにし、混ざったら、台に出して10回ほどすり付けて生地をなじませる。
5　生地をカードでまとめてオーブンシートで挟み、1cmの厚さに麺棒で伸ばす。ラップで包み、1時間ほど冷蔵庫で冷やし固める。
6　7gずつ取り、長さ17cmの棒状に伸ばし[a]、プレッツェルの形にする[b]。シルパン（またはオーブンシート）を敷いた天板にのせ、パルミジャーノを散らす。
7　オーブンを170度に下げて14〜16分、裏面にも焼き色が薄くつくまで焼き、網の上で冷ます。

CHAPTER ONE

## バターで作るディアマン

10

塩とこしょうのディアマン　　作り方 P.26

## 11

山椒と白ごまのディアマン　　作り方 P.28

## 12

ココアとカルダモンのディアマン　　作り方 P.28

## 10 塩とこしょうのディアマン

パルミジャーノ・レッジャーノ入りで甘さを控えた
アイスボックスタイプのクッキー。
涼しい環境でバターを溶かさないように作るのがポイント。

**材料**（直径4cm 28枚分）
A
　グラニュー糖 — 20g
　塩 — 1g
　薄力粉 — 110g
　パルミジャーノ・レッジャーノ
　　（削ったもの）— 40g
　粗びき黒こしょう — 2g
　バター — 80g
全卵 — 20g

**下準備**
・バターは1cm角に切り、冷蔵庫で冷やしておく[a]。
・オーブンは焼く前に180度に予熱する。

1　ボウルにAを入れ（薄力粉はふるい入れる）、カードでバターのかたまりがなくなるまで砕く[b]。さらに指先でひねりつぶすようにし[c]、最後は手のひらですり合わせて細かくする[d]。

2　全卵を加えてカードで切るように混ぜ[e]、卵液が生地になじんできたら、手でつかむようにしてひとまとめにする[f]。台に出して20回ほどすり付ける[g]。

3　生地をカードでまとめて押さえながら細長い形にし[h]、打ち粉（強力粉・材料外）をして、手のひらで棒状に伸ばす。バットの底などで転がしながら、直径3cm、長さ28cmの棒状にし[i]、ラップで包み、冷蔵庫で3時間以上冷やし固める。

4　生地を再度、円柱になるように転がしながら整える。定規を当てて包丁で印をつけ[j]、1cm厚さに切る[k]。10分ほど冷蔵庫で生地を冷やす。

5　シルパン（またはオーブンシート）を敷いた天板に並べ、オーブンを170度に下げて17分ほど、裏面にも焼き色がつくまで焼き[l]、網にのせて冷ます[m]。

## 11 山椒と白ごまのディアマン

チーズ入りの生地に、和の素材のごまと山椒。
新鮮で上質な山椒を使うと香りも強くなり、
使う山椒によって香りの立ち方が変わります。

**材料**（直径4cm 30枚分）

A
- グラニュー糖 — 20g
- 塩 — 1g
- 薄力粉 — 110g
- パルミジャーノ・レッジャーノ（削ったもの）— 40g
- 粗びき黒こしょう — 1g
- バター — 80g
- 白炒りごま — 20g
- 粉山椒 — 1.5g

全卵 — 20g
卵白 — 適量
白炒りごま（まぶす用）— 適量

**下準備**
- バターは1cm角に切り、冷蔵庫で冷やしておく。
- オーブンは焼く前に180度に予熱する。

1. ボウルにAを入れ（薄力粉はふるい入れる）、カードでバターのかたまりがなくなるまで砕く。さらに指先でひねりつぶすようにし、最後は手のひらですり合わせて細かくする。
2. 全卵を加えてカードで切るように混ぜ、卵液が生地になじんできたら、手でつかむようにしてひとまとめにする。台に出して20回ほどすり付ける。
3. 生地をカードでまとめて押さえながら細長い形にし、打ち粉（強力粉・材料外）をして、手のひらで棒状に伸ばす。バットの底などで転がしながら、直径3cm、長さ30cmの棒状にし、ラップで包み、冷蔵庫で3時間以上冷やし固める。
4. 生地を再度、円柱になるように転がしながら整える。周囲に刷毛で薄く卵白を塗り、白ごまをまぶしつける。定規を当てて包丁で印をつけ、1cm厚さに切る。10分ほど冷蔵庫で生地を冷やす。
5. シルパン（またはオーブンシート）を敷いた天板に並べ、オーブンを170度に下げて17分ほど、裏面にも焼き色がつくまで焼き、網にのせて冷ます。

## 12 ココアとカルダモンのディアマン

ココア風味の中から、カルダモンのスパイシーで
清涼感のある香りが口に広がります。
ほろ苦さと香りを楽しむ、大人のココアクッキー。

**材料**（直径4cm 27枚分）

A
- ＊粉糖 — 30g
- ＊アーモンドパウダー — 25g
- ＊薄力粉 — 80g
- ＊ココアパウダー — 10g
- ＊カルダモンパウダー — 3g
- 塩 — 1g
- バター — 80g

はちみつ — 10g
卵白 — 適量
グラニュー糖（まぶす用）— 適量

**下準備**
- 山椒と白ごまのディアマンと同様。
- 粉類（＊）は合わせておく。

1. 山椒と白ごまのディアマンの1〜2と同様に作る（粉類はふるい入れる）。2で全卵の代わりにはちみつを加える。
2. 生地をカードでまとめて押さえながら細長い形にし、打ち粉（強力粉・材料外）をして、手のひらで棒状に伸ばす。バットの底などで転がしながら、直径3cm、長さ27cmの棒状にし、ラップで包み、冷蔵庫で3時間以上冷やし固める。
3. 生地を再度、円柱になるように転がしながら整える。周囲に刷毛で薄く卵白を塗り、グラニュー糖をまぶしつける。定規を当てて包丁で印をつけ、1cm厚さに切る。10分ほど冷蔵庫で生地を冷やす。
4. シルパン（またはオーブンシート）を敷いた天板に並べ、オーブンを170度に下げて12〜14分、裏面にも焼き色がつくまで焼き、網にのせて冷ます。

オイルで作るクッキー

13

ハーブクッキー　　作り方 P.30

CHAPTER ONE

# 13

## ハーブクッキー

バターは入れずにオイルで作るクッキー。
棒状に伸ばして丸く成形することで
サクッ、ホロッとした食感になります。

材料（18個分）
＊薄力粉 — 120g
＊ベーキングパウダー — 2g
塩 — 2g
ハーブミックス（ドライ） — 1g
オリーブオイル — 35ml
全卵 — 1/2個（25g）
水 — 20ml
塗り卵（全卵） — 適量
白炒りごま（散らす用） — 適量

下準備
・粉類（＊）は合わせておく。
・オーブンは焼く前に180度に予熱する。

1. ボウルに粉類をふるい入れ[a]、塩、ハーブミックスを加えてゴムべらで混ぜる[b]。
2. オリーブオイル[c]、全卵[d]、水の順に加えて、その都度ゴムべらでさっくりと混ぜる。粉っぽさがなくなったら手でひとまとめにし[e]、耳たぶくらいのかたさの生地になるまで押しまとめる[f]。パサついていたら水（分量外）を少しずつ加える。
3. 生地を10gずつに分け、10cmほどの棒状にし[g]、丸く形作る[h]。
4. オーブンシートを敷いた天板に並べ、刷毛で塗り卵を塗り、白ごまを散らす。
5. オーブンを170度に下げて20分ほど、全体に焼き色がつくまで焼き、網の上で冷ます。

# 14 トマトクッキー

オイルで作るクッキー生地を
薄く伸ばして焼くと、カリカリッとした食感に。
チーズ＋トマトペーストの甘くないクッキーです。

材料（3×5cm 12枚分）
薄力粉 — 50g
グラニュー糖 — 10g
塩 — 1g
粗びき黒こしょう — 0.5g
グリュイエールチーズ（削ったもの）
　— 15g
パセリの葉（細かく刻む）— 2g
オリーブオイル — 15㎖
牛乳 — 15㎖
トマトペースト — 10g

下準備
・オーブンは焼く前に150度に予熱する。

1　ボウルに薄力粉をふるい入れ、グラニュー糖、塩、黒こしょうを加えてゴムべらで混ぜる。
2　グリュイエールチーズ、パセリを加えて混ぜ、オリーブオイル、牛乳、トマトペーストの順に加えて、その都度ゴムべらでさっくりと混ぜる。粉っぽさがなくなったら手でひとまとめにする。
3　生地をオーブンシートで挟み、4㎜の厚さ、12×15cmほどの長方形に麺棒で伸ばす。ラップで包み、冷蔵庫で30分ほど冷やし固める。
4　包丁で3×5cmに切り、オーブンシートを敷いた天板に並べ、フォークでまんべんなく穴を開ける。
5　オーブンを140度に下げて25分ほど、裏面にも焼き色が薄くつくまで焼き、網の上で冷ます。

CHAPTER ONE

## オイルで作るグリッシーニ

15

全粒粉のグリッシーニ　　作り方 P.34

## 16
干しえびと青のりのグリッシーニ　　作り方 P.35

## 17
黒オリーブとトマトのグリッシーニ　　作り方 P.35

CHAPTER ONE

## 15 全粒粉のグリッシーニ

しっかりとした歯ごたえがあり、
全粒粉の素朴な味わいが後を引くグリッシーニ。
細く伸ばすとカリッと仕上がり、太いとやわらかい食感に。

材料（20cm長さ 20本分）
A
　＊強力粉 — 50g
　＊全粒粉（強力粉）— 50g
　ドライイースト — 2g
　グラニュー糖 — 5g
　塩 — 2g
○ぬるま湯（40度ほど）— 55mℓ
○オリーブオイル — 10mℓ
オリーブオイル（塗る用）— 適量
粗塩（散らす用）— 適量

下準備
・液体類（○）は混ぜ合わせておく。
・オーブンは焼く前に190度に予熱する。

1 ボウルに粉類（＊）を入れ、その他のAを加え[a]（ドライイーストと塩は離しておく）、ゴムべらでざっと混ぜる。液体類を3回に分けて加え[b]、その都度ゴムべらでさっくり混ぜ[c]、粉っぽさがなくなったらまとめる。

2 台に出し、弾力が出るまで3〜4分こね[d]、ひとまとめにする。

3 ボウルに戻してラップをかけ、30度ほどの場所に1時間ほどおき、生地が倍になるまで発酵させる[e]。

4 生地をオーブンシートで挟み、縦15×横20cmに伸ばす。1cm幅に切って20本作る[f]。

5 棒状の生地の長さ15cmを20cmになるまで手で伸ばし[g]、オーブンシートを敷いた天板に並べる。

6 刷毛でオリーブオイルを塗り、粗塩を散らす。

7 オーブンを180度に下げて15分ほど、全体に焼き色がつくまで焼き[h]、網の上で冷ます。

発酵後
発酵前

PAGE 34

# 16 干しえびと青のりのグリッシーニ

香りのよい和の食材を練り込んだグリッシーニ。
塩気と磯の風味がきいていて、そのままでおいしい。

材料（20cm長さ 20本分）
A
┃ 強力粉 — 100g
┃ ドライイースト — 2g
┃ グラニュー糖 — 5g
┃ 塩 — 2g
○ぬるま湯（40度ほど）— 55mℓ
○オリーブオイル — 10mℓ
干しえび — 5g
青のり — 1g
オリーブオイル（塗る用）— 適量
粗塩（散らす用）— 適量

下準備
・全粒粉のグリッシーニと同様。

1 全粒粉のグリッシーニの1と同様に作る。
2 台に出し、弾力が出るまで3〜4分こねる。干しえびと青のりを加えてまんべんなく混ぜ、ひとまとめにする。
3 全粒粉のグリッシーニの3〜7と同様に作る。


# 17 黒オリーブとトマトのグリッシーニ

ローズマリーと黒オリーブの香りを感じられる
しっかりした味。ワインやビールによく合います。

材料（20cm長さ 20本分）
A
┃ 強力粉 — 100g
┃ ドライイースト — 2g
┃ グラニュー糖 — 5g
┃ 塩 — 2g
○ぬるま湯（40度ほど）— 50mℓ
○オリーブオイル — 10mℓ
○トマトペースト — 10g
黒オリーブ（種は除く）— 正味7g
ローズマリー（ドライ）— 2g
オリーブオイル（塗る用）— 適量
粗塩（散らす用）— 適量

下準備
・全粒粉のグリッシーニと同様。
・黒オリーブは細かく刻み、キッチンペーパーで水分をしっかり拭く。
・ローズマリーは細かく刻む。

1 全粒粉のグリッシーニの1と同様に作る。
2 台に出し、弾力が出るまで3〜4分こねる。黒オリーブ、ローズマリーを加えてまんべんなく混ぜ、ひとまとめにする。
3 全粒粉のグリッシーニの3〜6と同様に作る。
4 オーブンを180度に下げて15〜17分、全体に焼き色がつくまで焼き、網の上で冷ます。

CHAPTER ONE　オイルで作るクラッカー

18

全粒粉のクラッカー　作り方 P.38

19
ごぼうとにんじんのクラッカー　作り方 P.38

# 18 全粒粉のクラッカー

オイルで作る塩味のクラッカーは、
できるだけ薄いほうがカリッと仕上がっておいしい。
素朴で軽やかなので、何枚でも食べられます。

**材料（5cm四方 16枚分）**

A
- ＊薄力粉 — 70g
- ＊全粒粉（強力粉）— 30g
- ベーキングパウダー — 1g
- 塩 — 1g
- 粗びき黒こしょう — 0.5g
- グラニュー糖 — 5g
- パルミジャーノ・レッジャーノ（削ったもの）— 10g

○太白ごま油 — 20㎖
○水 — 40㎖

**下準備**
- 粉類（＊）は合わせておく。
- 液体類（○）は混ぜ合わせておく。
- オーブンは焼く前に180度に予熱する。

1. ボウルに粉類をふるい入れ、その他のAを加え、ゴムべらでざっと混ぜる。
2. 液体類を3回に分けて加え[a]、その都度ゴムべらでさっくり混ぜ、8割ほど混ざったら手でひとまとめにする。ラップで包み、30分ほど冷蔵庫で休ませる。
3. 生地をオーブンシートで挟み、2㎜の厚さ、20㎝四方ほどの正方形に麺棒で伸ばし、5㎝四方に切る[b]。シルパン（またはオーブンシート）を敷いた天板に並べ、フォークでまんべんなく穴を開ける。
4. オーブンを170度に下げて20分ほど、全体に焼き色がつくまで焼き、網にのせて冷ます。

# 19 ごぼうとにんじんのクラッカー

きんぴらごぼうに使う根菜をすりおろして
生地に加えた、おかずのようなクラッカー。
根菜特有の味わいで、クセはなく食べやすい。

**材料（3×6㎝ 20枚分）**

A
- ＊薄力粉 — 70g
- ＊全粒粉（強力粉）— 30g
- ベーキングパウダー — 1g
- 塩 — 1g
- 粗びき黒こしょう — 0.5g
- グラニュー糖 — 5g

○太白ごま油 — 20㎖
○水 — 20㎖
ごぼう（すりおろす）— 15g
にんじん（すりおろす）— 15g
七味唐辛子 — 0.5g

**下準備**
- 全粒粉のクラッカーと同様。

1. 全粒粉のクラッカーの1と同様に作る。
2. 液体類を3回に分けて加え、その都度ゴムべらでさっくり混ぜる。8割ほど混ざったら、ごぼう、にんじん、七味唐辛子を加えて均一になるように混ぜ、手でひとまとめにする。ラップで包み、30分ほど冷蔵庫で休ませる。
3. 生地をオーブンシートで挟み、2㎜の厚さ、12×15㎝ほどの長方形に麺棒で伸ばし、3×6㎝に切る。シルパン（またはオーブンシート）を敷いた天板に並べ、フォークでまんべんなく穴を開ける。
4. 全粒粉のクラッカーの4と同様に焼く。

# 20 ラボッシュクラッカー

トルコやイランなどの中東で日常的に食べられている
非常にシンプルな材料と作り方の平焼きパン。
好みのディップと一緒に食べても。

1 ボウルに薄力粉をふるい入れ、塩を加えてゴムべらでざっと混ぜる。
2 液体類を3回に分けて加え、その都度ゴムべらでさっくり混ぜ、手でひとまとめにする。ラップで包み、30分ほど冷蔵庫で休ませる。
3 オーブンシートの上で生地を1〜2mmの厚さに麺棒で薄く伸ばし、25×30cmほどの楕円形にする。
4 オーブンシートごと天板にのせ、オリーブオイルを刷毛で表面に塗り、白ごまを散らす。
5 オーブンを190度に下げて14〜16分、全体に焼き色がつくまで焼き、網にのせて冷ます。割ってディップ（P.76〜77参照）などをつけて食べる。

CHAPTER ONE

# 冷凍生地で作るパイ

## 21 黒ごまのスティックパイ
## アーモンドのスティックパイ

この材料では20本できるので、
トッピングを1/2量ずつにして2種類作っても。
ごまとナッツ、2つの味わいを楽しめます。

材料（1.5×10cm 20本分）
冷凍パイ生地（20cm四方のもの）
　— 1/2枚
塗り卵（全卵）— 適量
黒炒りごま（またはアーモンドダイス）
　— 30g
塩 — 1.5g
パルミジャーノ・レッジャーノ
　（削ったもの）— 5g

下準備
・冷凍パイ生地は冷蔵庫に移しておく。
・黒ごまは塩と合わせる。アーモンドダイス（ローストしていないもの）は150度のオーブンで10分焼き、塩と合わせる。
・オーブンは焼く前に190度に予熱する。

1　冷凍パイ生地は15×20cmに麺棒で伸ばして2mmほどの厚さにし[a]、フォークでまんべんなく穴を開ける[b]。長い辺を半分に切って、15×10cmの生地を2枚作る。
2　塗り卵を表面全体に塗り、黒ごままたはアーモンドダイスをまんべんなく広げ[c]、しっかり手で押さえる。冷蔵庫で10分ほど冷やし固める。
3　生地を横長に置き、1.5cm幅に切る[d]。焼く前に再度、冷蔵庫で10分冷やすと縮みにくい。
4　オーブンシートを敷いた天板に並べ、パルミジャーノを散らす。
5　オーブンを180度に下げて15〜18分、裏面にも焼き色がつくまで焼き、網にのせて冷ます。

a

b

c

d

## 22 バジルペーストのうずまきパイ

しっかりきつめに、うずまき状に巻くのがポイント。
薄くカットしたほうがカリカリッとしておいしい。
見た目もチャーミングな、ひと口サイズのパイです。

**材料**（25個分）
冷凍パイ生地（20cm四方のもの）
　　―1/2枚
ベーコン ― 10g
グラナパダーノチーズ ― 5g
バジルペースト（全量120g）◇
　松の実 ― 25g
　にんにく ― 1/2片
　グラナパダーノチーズ ― 25g
　塩 ― ひとつまみ
　バジルの葉 ― 30g
　オリーブオイル ― 60mℓ

◇ここでは30gを使用。残りは清潔なビンに入れ、表面をオリーブオイルで覆って酸化しないようにして、冷蔵庫で1週間ほど保存可能。

**下準備**
・冷凍パイ生地は冷蔵庫に移しておく。
・ベーコンは5mm幅に切る。
・松の実（ローストしていないもの）は150度のオーブンで10分ほど焼く。
・オーブンは焼く前に180度に予熱する。

1 バジルペーストを作る。フードプロセッサーに松の実、にんにく、グラナパダーノチーズ、塩を入れて撹拌し、バジルも加えてさらに撹拌する。オリーブオイルを3回に分けて加えてなじませる。

2 冷凍パイ生地は20×15cmに麺棒で伸ばす。

3 パイ生地を横長に置き、バジルペースト30gを伸ばし（奥側の端1cmは塗らない）、ベーコンを散らす[a]。手前からきつめにうずまき状に巻き[b]、端を水でぬらして留める。ラップで包み、冷凍庫で冷やし固める。

4 生地を7mm厚さに切り[c]、オーブンシートを敷いた天板に並べ、表面にグラナパダーノチーズを散らす。

5 オーブンを170度に下げて18～20分、全体にうっすら焼き色がつくまで焼き、網にのせて冷ます。

a

b

c

## 23 洋梨とゴルゴンゾーラのパイ

材料をのせて焼くだけの気軽なミニパイ。
ゴルゴンゾーラチーズに薄力粉を混ぜておくと
焼いてもチーズがダレずに、きれいに焼けます。

材料（直径6cm 16枚分）
冷凍パイ生地（20cm四方のもの）
　— 1枚
ゴルゴンゾーラチーズ — 50g
薄力粉 — 3g
洋梨（生または缶詰）— 100g

下準備
・冷凍パイ生地は冷蔵庫に移しておく。
・ゴルゴンゾーラチーズは常温に戻しておく。
・洋梨は5mm厚さに切る。
・オーブンは焼く前に200度に予熱する。

1　冷凍パイ生地は24cm四方に麺棒で伸ばし、直径6cmの丸型で抜く[a]。冷蔵庫で10分ほど冷やし固める。
2　ゴルゴンゾーラチーズと薄力粉を合わせ、ゴムべらでなめらかにする。
3　シルパン（またはオーブンシート）を敷いた天板に1をのせ、フォークでまんべんなく穴を開ける[b]。洋梨を並べ、ゴルゴンゾーラチーズをスプーンで散らす[c]。
4　190度に下げたオーブンで18分ほど、表面に焼き色がつくまで焼き、網の上で冷ます。

a　　　　　b　　　　　c

CHAPTER ONE

PAGE 46

# 24 タプナードソレイユパイ

太陽（＝ソレイユ）のようなビジュアルがインパクト大。
中心部分に火が入りにくいので、ペーストは水分が少ないものを選びます。
バジルペースト（P.43）でもおいしくできます。

材料（直径25cm 1枚分）
冷凍パイ生地（20cm四方のもの）
　— 2枚
生ハム — 2枚
タプナード（全量120g）◇
　黒オリーブ（種は除く）— 正味100g
　アンチョビ（フィレ）— 2枚
　ケッパー — 7g
　レモン果汁 — 10ml
　にんにく — 1/2片
　オリーブオイル — 20ml
塗り卵（全卵）— 適量

◇ここでは100gを使用。残りは清潔なビンに入れ、冷蔵庫で1週間ほど保存可能。

下準備
・冷凍パイ生地は冷蔵庫に移しておく。
・ケッパーは塩漬けの場合、水に10分ほど浸して塩分を抜き、水分を拭く。
・オーブンは焼く前に210度に予熱する。

1　タプナードを作る。オリーブオイル以外の材料をフードプロセッサーで撹拌する。オリーブオイルを加えてペースト状にする。

2　パイ生地はオーブンシートにのせ、麺棒でそれぞれ25cm四方の正方形に伸ばす。直径25cmの皿などをのせて丸くくりぬき[a]、フォークでまんべんなく穴を開ける。

3　パイ生地1枚に周囲1cmを残してタプナード100gを塗り、生ハムを割きながら散らす[b]。もう1枚のパイ生地を重ね、冷蔵庫で10分ほど冷やし固める。

4　フォークの先で端を一周押しつけ[c]、さらに生地の真ん中に直径5cmの丸型をのせ、中心に向かってナイフで24本切り込みを入れる[d]。先を切り離さないようにしてそれぞれを2回ねじり[e]（ねじる向きを左右交互にする）、端をオーブンシートに押しつける[f]。

5　オーブンシートごと天板にのせ、刷毛で塗り卵を塗る。200度に下げたオーブンで25〜30分ほど、表面に焼き色がつくまで焼き、網の上で冷ます。

CHAPTER ONE

## 生地から作る型なしタルト

25

トマトのタルト　作り方 P.50

PAGE 48

26
りんごのタルト　作り方 P.52

## 25 トマトのタルト

タルト型は必要ない、手で折りたたむタイプのタルト。
生地とトマトの間にリコッタチーズを入れることで、
トマトの水分を吸収し、タルトがサクッと仕上がります。

**材料**（直径25cm 1枚分）

タルト生地
- ＊薄力粉 — 120g
- ＊ベーキングパウダー — 1g
- 塩 — 1g
- パルミジャーノ・レッジャーノ（削ったもの）— 20g
- バター — 60g
- 全卵 — 1個（50g）

リコッタチーズのペースト
- リコッタチーズ — 100g
- 塩 — 2g
- バジルの葉（みじん切り）— 2枚
- にんにく（すりおろす）— 1/2片

トマト（薄切り）— 大2個
オリーブオイル — 適量
バジルの葉（トッピング用）— 3枚

**下準備**
- バターは1cm角に切り、冷蔵庫で冷やしておく。
- 粉類（＊）は合わせておく。
- リコッタチーズのペーストの材料は混ぜ合わせる。
- オーブンは焼く前に200度に予熱する。

1 ボウルに粉類をふるい入れ、塩、パルミジャーノ、バターを入れて、カードでバターのかたまりがなくなるまで砕く[a]。さらに指先でひねりつぶすようにし、最後は手のひらですり合わせて細かくする（P.27参照）。

2 溶きほぐした全卵を加え[b]、カードで切るように混ぜ[c]、卵液が生地になじんできたら、手でつかむようにしてひとまとめにする。台に出して生地を20回ほどすり付けて[d]、均一になめらかにする。

3 生地をカードでまとめて長方形にし、半分に切って[e]重ねる作業[f]を3回繰り返す（生地の層ができるようにきれいに重ねる）。ラップで包み、冷蔵庫で3時間ほど冷やし固める。

4 オーブンシートで生地を挟み、麺棒で直径32cmほどに伸ばし[g]、フォークでまんべんなく穴を開ける。

5 リコッタチーズのペーストを直径28cmほど生地に塗り広げる[h]。トマトを並べ、外側の生地を3cmほど折りたたみ[i]、オリーブオイルをトマトにかける。

6 生地をオーブンシートごと天板にのせる。オーブンを190度に下げて30分ほど、生地全体に焼き色がつくまで焼き、網の上で冷ます。

7 仕上げにバジルの葉を散らす。

CHAPTER ONE

## 26 りんごのタルト

薄切りにした生のりんごを敷き詰めたタルトは、
フレッシュな酸味と食感が印象的。
クリームチーズがりんごの水分を吸ってくれます。

**材料**（直径25cm 1枚分）
タルト生地
　＊薄力粉 — 120g
　＊ベーキングパウダー — 1g
　グラニュー糖 — 25g
　塩 — 1g
　バター — 60g
　全卵 — 30g
クリームチーズのペースト
　クリームチーズ — 60g
　グラニュー糖 — 20g
りんご — 1個
グラニュー糖 — 適量
バター（小さくちぎる） — 15g

**下準備**
・バターは1cm角に切り、冷蔵庫で冷やしておく。
・粉類（＊）は合わせておく。
・クリームチーズのペーストの材料は混ぜ合わせる。
・りんごは芯を除き、皮ごと薄切りにする
・オーブンは焼く前に200度に予熱する。

1　ボウルに粉類をふるい入れ、グラニュー糖、塩、バターを入れて、カードでバターのかたまりがなくなるまで砕く。さらに指先でひねりつぶすようにし、最後は手のひらですり合わせて細かくする。

2　全卵を加え、カードで切るように混ぜ、卵液が生地になじんできたら、手でつかむようにしてひとまとめにする。台に出して生地を20回ほどすり付けて、均一になめらかにする。

3　生地をカードでまとめて長方形にし、半分に切って重ねる作業を3回繰り返す（生地の層ができるようにきれいに重ねる）。ラップで包み、冷蔵庫で3時間ほど冷やし固める。

4　オーブンシートで生地を挟み、麺棒で直径32cmほどに伸ばし、フォークでまんべんなく穴を開ける。

5　クリームチーズのペーストを直径28cmほどに塗り広げ、りんごを少しずつずらしながら丸く並べる[a][b]。グラニュー糖とバターをりんごの上に散らし、外側の生地を3cmほど折りたたむ。

6　オーブンシートごと天板にのせる。オーブンを190度に下げて40分ほど、生地全体に焼き色がつくまで焼き、網の上で冷ます。

a

b

## 27 タコスミートタルト

スパイシーなタコスミートと
サワークリームを包み込んだお食事タルト。
人が集まるときのおもてなし料理にも。

材料（直径25cm 1枚分）
タルト生地
    トマトのタルト（P.50）と同じ
タコスミート
    玉ねぎ（みじん切り）— 1/4個
    にんにく（みじん切り）— 1/2片
    合いびき肉 — 150g
    粗びき黒こしょう、クミンパウダー、
      カレー粉 — 各小さじ1/4
    カイエンペッパー — 0.5g
    トマトペースト — 小さじ1/3
    塩 — 小さじ1/2
    砂糖 — 小さじ2
サワークリーム — 50g
シュレッドチーズ — 30g

下準備
・バターは1cm角に切り、冷蔵庫で冷やしておく。
・粉類（＊）は合わせておく。
・オーブンは焼く前に200度に予熱する。

1 トマトのタルトの1〜4と同様に作る。
2 タコスミートを作る。フライパンに植物油大さじ1（材料外）を中火で熱し、玉ねぎ、にんにくを入れて玉ねぎが透明になるまで炒め、合いびき肉を加えて炒める。肉に火が通ったらその他の材料を加えて混ぜ、耐熱容器に入れて冷ます。
3 1の生地にサワークリームを直径28cmほどに塗り広げ、2のタコスミートをのせる。外側の生地を3cmほど折りたたみ、シュレッドチーズを散らす。
4 トマトのタルトの6と同様に焼く。

CHAPTER ONE

おつまみナッツ

## 28 五香粉ナッツ
ウーシャンフェン

中華風味のおつまみナッツ。
八角やシナモンなど5つの香りをミックスした
五香粉はナッツとよく合います。

**材料**（作りやすい分量）
ミックスナッツ ― 80g
卵白 ― 15g
塩 ― 3g
グラニュー糖 ― 5g
粗びき黒こしょう ― 1g
五香粉 ― 4g

**下準備**
・ミックスナッツ（ローストしていないもの）は150度のオーブンで10分焼く。
・オーブンは焼く前に150度に予熱する。

1　ボウルにミックスナッツ以外の材料を入れ、ゴムべらでよく混ぜる。ミックスナッツを加えて絡める[a]。
2　オーブンシートを敷いた天板に広げ[b]、150度で20分ほど焼き、冷ます。

a　　b

## 29 青のりアーモンド

卵白に青のりを混ぜ合わせた液体を、
ナッツに絡めて焼けばでき上がり。
お酒のお供に、塩気と食感が欲しいときに。

**材料**（作りやすい分量）
アーモンド ― 80g
卵白 ― 15g
塩 ― 2g
グラニュー糖 ― 2g
青のり ― 2g

**下準備**
・アーモンド（ローストしていないもの）は150度のオーブンで10分焼く。
・オーブンは焼く前に150度に予熱する。

1　ボウルにアーモンド以外の材料を入れ、ゴムべらでよく混ぜる。アーモンドを加えて絡める。
2　オーブンシートを敷いた天板に広げ、150度で20分ほど焼き、冷ます。

# おつまみクッキー缶の楽しみ方

　クッキーは1種類を作って楽しむのももちろんよいですが、人が集まるとき、人に差し上げるときには、何種類か作って缶に詰め合わせると喜ばれます。色や形、味の違う小さなクッキーが小さな缶にぎっしり詰まっている様子は、クッキーの魅力を倍増させ、何から食べようかとワクワクしてしまいます。ご自宅でお酒やお茶を楽しむ会でも、器に盛る代わりに、缶にクッキーを詰めてテーブルに出すと盛り上がります。

　お店のようなクッキー缶を作るには、持ち運び中に割れないように、何をどう詰めるかを考えて、サイズを計算して……と緻密な作業が必要ですが、個人で楽しむならそこはあまり考えず、パズルを埋めるように気楽に詰めてみてください。その際、表面を見せるものと、断面を見せるものを組み合わせると、違った表情が出て見栄えがよくなります。また中途半端な隙間が空いてしまったときには、ナッツ類などの小さなお菓子が役に立ちます。蓋をせずにテーブルに出すだけなら、缶からはみ出ていても大丈夫。

　人に差し上げる場合は、缶にワックスペーパーを敷いて、シリカゲルを入れて密封しましょう。テープで缶の隙間を留めると湿気にくく、より日持ちします。

しっとり〜総菜ケーキ

CHAPTER TWO

CHAPTER TWO

## バターで作るマフィン

01

塩マフィン　　作り方 P.60

02

かぼちゃとクミンのマフィン　　作り方 P.60

## 01 塩マフィン

パルミジャーノ・レッジャーノをきかせたサレ（＝塩）マフィン。
焼きたてはふんわりして、なんともいえないおいしさ。
ほのかな甘みの中に、チーズの風味が広がります。

**材料**（口径6.5cmのマフィン型6個分）
バター — 70g
グラニュー糖 — 30g
塩 — 1g
粗びき黒こしょう — 0.5g
全卵 — 70g
パルミジャーノ・レッジャーノ
　（削ったもの）— 50g
＊薄力粉 — 130g
＊ベーキングパウダー — 3g
牛乳 — 70ml
パルミジャーノ・レッジャーノ
　（散らす用）— 適量

**下準備**
・バター、全卵は常温に戻しておく。バターはポマード状になるまでやわらかくする[a]。
・粉類（＊）は合わせておく。
・マフィン型にグラシン紙を敷く。
・オーブンは焼く前に180度に予熱する。

1. ボウルにバターを入れてハンドミキサーでなめらかにし、グラニュー糖、塩、黒こしょうを加えて、白くフワッとするまで2分ほど混ぜる[b]。
2. 全卵は5回に分けて加え、その都度生地がつながり、ツヤが出るまで混ぜる[c]。パルミジャーノも加えて混ぜる。
3. ゴムべらに持ち替え、粉類の1/3量をふるい入れ[d]、20回ほどさっくり混ぜる[e][f]。粉っぽさがなくなったら牛乳の1/2量を加え[g]、同様に20回ほど混ぜる。これを再度繰り返し、最後に粉類をふるい入れて20回ほどさっくり混ぜる[h]。
4. マフィン型に生地を6等分にして入れ、パルミジャーノを散らす[i]。
5. オーブンを170度に下げて23〜25分、生地に弾力が出るまで焼き、型から外して網の上で冷ます。

## 02 かぼちゃとクミンのマフィン

マッシュしたかぼちゃを練り込んだ生地に
カマンベールチーズをアクセントに入れました。
クミンの香りが全体を引き締めます。

**材料**（口径6.5cmのマフィン型6個分）
バター — 60g
グラニュー糖 — 25g
塩 — 1g
粗びき黒こしょう — 0.5g
全卵 — 1個（50g）
パルミジャーノ・レッジャーノ
　（削ったもの）— 40g
＊薄力粉 — 105g
＊クミンパウダー — 5g
＊ベーキングパウダー — 2g
牛乳 — 60ml
かぼちゃ — 正味100g
カマンベールチーズ（薄切り）— 50g
クミンシード — 適量

**下準備**
・塩マフィンと同様。

1. かぼちゃは種を取り、皮ごと一口大に切って耐熱容器に入れ、水大さじ1を加え、ラップをかけて電子レンジ（600W）で5分ほど、竹串がすっと通るまで加熱する。温かいうちに皮を除き、ザルで濾し、常温に置いて冷ましておく。
2. 塩マフィンの1〜3と同様に作る。3回目の粉類を入れる際、1のかぼちゃのペーストも加えて20回ほどさっくり混ぜる。
3. マフィン型に生地を6等分にして入れ、カマンベールチーズを入れ、クミンシードを散らす。
4. オーブンを170度に下げて25分ほど、生地に弾力が出るまで焼き、型から外して網の上で冷ます。

CHAPTER TWO

PAGE 62

## 03 とうもろこしのマフィン

コーングリッツのつぶつぶ食感が楽しい
コーンブレッドマフィンに、粒のとうもろこしもプラス。
朝ごはんにもぴったりのシンプルな味。

**材料**（口径6.5cmのマフィン型6個分）
バター ― 70g
グラニュー糖 ― 30g
塩 ― 1g
粗びき黒こしょう ― 0.5g
全卵 ― 70g
パルミジャーノ・レッジャーノ
　（削ったもの）― 50g
＊薄力粉 ― 100g
＊ベーキングパウダー ― 3g
コーングリッツ ― 30g
牛乳 ― 70mℓ
とうもろこし（生または缶詰）― 70g
パルミジャーノ・レッジャーノ
　（散らす用）― 適量

**下準備**
・バター、全卵は常温に戻しておく。
・粉類（＊）は合わせておく。
・マフィン型にグラシン紙を敷く。
・オーブンは焼く前に180度に予熱する。

1　ボウルにバターを入れてハンドミキサーでなめらかにし、グラニュー糖、塩、黒こしょうを加えて、白くフワッとするまで2分ほど混ぜる。
2　全卵は5回に分けて加え、その都度生地がつながり、ツヤが出るまで混ぜる。パルミジャーノも加えて混ぜる。
3　ゴムべらに持ち替え、粉類の1/3量をふるい入れて20回ほどさっくり混ぜる。粉っぽさがなくなったら牛乳の1/2量を加えて同様に20回ほど混ぜる。これを再度繰り返す。最後に残りの粉類をふるい入れ、コーングリッツも加えて20回ほどさっくり混ぜる。とうもろこしも加え、5回ほどさっくり混ぜる。
4　マフィン型に生地を6等分にして入れ、パルミジャーノを散らす。
5　オーブンを170度に下げて25分ほど、生地に弾力が出るまで焼き、型から外して網の上で冷ます。

## 04 マーマレードとベーコンのマフィン

マーマレードが中からとろりと出てくる
甘じょっぱい味のスコーン。
マーマレードのほろ苦さとベーコンの肉感がマッチ。

**材料**（口径6.5cmのマフィン型6個分）
バター ― 60g
グラニュー糖 ― 25g
塩 ― 1g
粗びき黒こしょう ― 0.5g
全卵 ― 1個（50g）
パルミジャーノ・レッジャーノ
　（削ったもの）― 40g
＊薄力粉 ― 110g
＊ベーキングパウダー ― 2g
牛乳 ― 60mℓ
ベーコン（ブロック）― 70g
オレンジマーマレード ― 50g
パルミジャーノ・レッジャーノ
　（散らす用）― 適量

**下準備**
・とうもろこしのマフィンと同様。

1　ベーコンは1cm角に切り、熱したフライパンで焼き色がつくまで炒め、バットに広げて冷ます。
2　とうもろこしのマフィンの1～3と同様に作る（3でコーングリッツは加えない）。最後にとうもろこしを入れる代わりに、1のベーコンを加え、5回ほどさっくり混ぜる。
3　マフィン型に生地の1/2量を6等分にして入れ、マーマレードの1/2量をスプーンで6等分に落とし入れる。残りの生地を6等分にして加え、残りのマーマレードも同様にのせ、パルミジャーノを散らす。
4　とうもろこしのマフィンの5と同様に焼く。

CHAPTER TWO

## オイルで作るケークサレ

05

ソーセージとピスタチオのケークサレ　　作り方 P.66

06

玉ねぎキャラメリゼといちじくのケークサレ　　作り方 P.67

CHAPTER TWO

## 05 ソーセージとピスタチオのケークサレ

リヨンで食べたブリオッシュ・ソシソンをイメージして
ケークサレにソーセージを入れてみました。
水分は多め、玉ねぎも加えてしっとりした生地に。

**材料**（縦18×横8.5×高さ6cmの
　　　パウンド型1台分）

全卵 — 2個（100g）
A
　牛乳 — 60mℓ
　オリーブオイル — 60mℓ
　グラニュー糖 — 10g
　塩 — 2g
　粗びき黒こしょう — 1g
　粒マスタード — 20g
エメンタールチーズ（削ったもの）
　— 40g
＊薄力粉 — 120g
＊ベーキングパウダー — 4g
ピスタチオ — 30g
玉ねぎ（みじん切り） — 1/2個
ソーセージ（太めのもの） — 100g

**下準備**

・粉類（＊）は合わせておく。
・ピスタチオ（ローストしていないもの）は150度のオーブンで
　10分焼く。冷めたら粗みじん切りにする。
・パウンド型にオーブンシートを敷き込む。
・オーブンは焼く前に180度に予熱する。

1　フライパンにオリーブオイル大さじ1（分量外）を中火で熱し、
　　玉ねぎを入れて透明になるまで炒め、バットに広げて冷ます。
2　ボウルに卵を入れて泡立て器で溶きほぐし、Aを加えて混ぜ合わ
　　せる[a]。
3　エメンタールチーズを加えて[b]混ぜる。
4　粉類をふるい入れ、ゴムべらでさっくりと8割程度混ざるまで、
　　30回ほどすくい上げるようにして混ぜる[c]。
5　1の玉ねぎ[d]とピスタチオを加え、5回ほどさっくり混ぜる
　　[e]。パウンド型に生地の半分を流し入れ、真ん中にソーセー
　　ジをのせ[f]、残りの生地を入れる。
6　オーブンを170度に下げて40分ほど、竹串を刺して生地がついて
　　こない状態まで焼く。型から外し、網にのせて粗熱を取る。

a　　　　　　　　　　　b　　　　　　　　　　　c

## 06 玉ねぎキャラメリゼといちじくのケークサレ

ビネガーとグラニュー糖でキャラメリゼした玉ねぎと
いちじくの甘酸っぱさが口に広がります。
ワインなどお酒によく合います。

**材料**（縦18×横8.5×高さ6cmの
　　　パウンド型1台分）

全卵 ─ 2個（100g）
A
　牛乳 ─ 60ml
　オリーブオイル ─ 60ml
　グラニュー糖 ─ 10g
　塩 ─ 2g
　粗びき黒こしょう ─ 1g
　粒マスタード ─ 15g
パルミジャーノ・レッジャーノ
　（削ったもの）─ 40g
＊薄力粉 ─ 120g
＊ベーキングパウダー ─ 4g
干しいちじく ─ 100g
玉ねぎキャラメリゼ
　玉ねぎ（薄切り）─ 1個
　白ワインビネガー ─ 15ml
　グラニュー糖 ─ 10g
　塩、粗びき黒こしょう ─ 各ひとつまみ

**下準備**
・粉類（＊）は合わせておく。
・干しいちじくは湯通しし、水気を拭いて1cm角に切る。
・パウンド型にオーブンシートを敷き込む。
・オーブンは焼く前に190度に予熱する。

1　玉ねぎキャラメリゼを作る。厚めの鍋にバター15g（材料外）を熱して溶かし、玉ねぎを入れて中火で炒める。くたくたになって薄い茶色になったら、その他の材料を加えて茶色く色づくまで炒め、バットに広げて冷ます。
2　ボウルに卵を入れて泡立て器で溶きほぐし、Aを加えて混ぜ合わせる。
3　パルミジャーノを加えて混ぜる。
4　粉類をふるい入れ、ゴムべらでさっくりと8割程度混ざるまで、30回ほどすくい上げるようにして混ぜる。
5　1の玉ねぎといちじくを加えて5回ほどさっくり混ぜ、パウンド型に生地を流し込む。
6　オーブンを180度に下げて40分ほど、竹串を刺して生地がついてこない状態まで焼く。型から外し、網にのせて粗熱を取る。

d　　　　　e　　　　　f

PAGE 67

CHAPTER TWO

バターで作るスコーン

07
プレーンスコーン　作り方 P.70

PAGE 68

08
チーズとバジルのスコーン
作り方 P.72

09
ズッキーニとレモンのスコーン
作り方 P.72

CHAPTER TWO

# 07

## プレーンスコーン

外はサクサク、中はふんわり軽いスコーン。
ジャムやディップをつけてもおいしい。
生地を重ねて層にして、勢いよく型で抜くのがコツです。

**材料**（直径5cmの丸型6個分）
A
　グラニュー糖 — 25g
　塩 — ひとつまみ
　＊薄力粉 — 100g
　＊強力粉 — 100g
　＊ベーキングパウダー — 6g
　バター — 55g
○プレーンヨーグルト（無糖）— 20g
○牛乳 — 80ml
塗り卵（全卵）— 適量

**下準備**
・バターは1cm角に切り、冷蔵庫で冷やしておく。
・粉類（＊）は合わせておく。
・液体類（○）は混ぜ合わせておく。
・オーブンは焼く前に210度に予熱する。

1　ボウルにAを入れ（粉類はふるい入れる）、カードでバターのかたまりがなくなるまで砕く[a]。さらに指先でひねりつぶすようにし[b]、最後は手のひらですり合わせて細かくする[c]。
2　液体類を回し入れ、カードで切るように混ぜる[d]。まんべんなく液体が混ざったら、手でまとめてひとかたまりにする[e]（少し粉っぽさが残っていてOK）。
3　台に打ち粉（強力粉・分量外）をふり、生地を平らな長方形にしてカードで半分に切り[f]、重ねる作業[g][h]を3回繰り返す（生地の層ができるようにきれいに重ねる）。ラップで包み、冷蔵庫で30分寝かせる。
4　生地をオーブンシートで挟み、2.5cmの厚さ、10×15cmほどの大きさに麺棒で伸ばす。
5　直径5cmの丸型に多めに打ち粉をつけ、垂直に落とすようにして勢いよく生地を抜く[i]。オーブンシートを敷いた天板に間隔を空けて並べ、塗り卵を刷毛で表面に塗る。
6　オーブンを200度に下げて15分ほど焼き、網の上で冷ます。

PAGE 70

## 08 チーズとバジルのスコーン

チェダーチーズを加え、砂糖はほんの少し。
甘くないので朝食にもぴったりです。
型抜きと包丁切り、お好みの形で作ってみてください。

**材料（5cm四方6個分）**
A
　グラニュー糖 — 10g
　＊薄力粉 — 100g
　＊強力粉 — 100g
　＊ベーキングパウダー — 10g
　粗びき黒こしょう — 1g
　バター — 70g
チェダーチーズ（削ったもの） — 40g
○牛乳 — 70mℓ
○全卵 — 1個（50g）
○粒マスタード — 小さじ1
バジルの葉（みじん切り） — 10枚
塗り卵（全卵） — 適量
チェダーチーズ（散らす用） — 適量

**下準備**
・バターは1cm角に切り、冷蔵庫で冷やしておく。
・粉類（＊）は合わせておく。
・液体類（○）は混ぜ合わせておく。
・オーブンは焼く前に210度に予熱する。

1　ボウルにAとチェダーチーズを入れ（粉類はふるい入れる）、カードでバターのかたまりがなくなるまで砕く。さらに指先でひねりつぶすようにし、最後は手のひらですり合わせて細かくする。
2　液体類を回し入れ、カードで切るように混ぜる。まんべんなく液体が混ざったらバジルを加え、手でまとめてひとかたまりにする（少し粉っぽさが残っていてOK）。
3　台に打ち粉（強力粉・分量外）をふり、生地を平らな長方形にしてカードで半分に切り、重ねる作業を3回繰り返す(生地の層ができるようにきれいに重ねる)。ラップで包み、冷蔵庫で30分寝かせる。
4　生地をオーブンシートで挟み、2.5cmの厚さ、10×15cmほどの大きさに麺棒で伸ばす。
5　包丁で5cm四方の正方形に垂直に切る。オーブンシートを敷いた天板に間隔を空けて並べ、塗り卵を刷毛で表面に塗り、チェダーチーズを散らす。
6　オーブンを200度に下げて15分ほど焼き、網の上で冷ます。

## 09 ズッキーニとレモンのスコーン

ズッキーニのすりおろしを加えることで
しっとりしたスコーンサレに。
レモンの香りがきいたさわやかな味。

**材料（5cm四方6個分）**
A
　グラニュー糖 — 10g
　＊薄力粉 — 100g
　＊強力粉 — 100g
　＊ベーキングパウダー — 10g
　粗びき黒こしょう — 1g
　バター — 70g
パルミジャーノ・レッジャーノ
　（削ったもの） — 40g
○レモン果汁 — 30mℓ
○全卵 — 1個（50g）
○ズッキーニ（すりおろす） — 90g
○レモンの皮（すりおろす） — 1個分
塗り卵（全卵） — 適量
パルミジャーノ・レッジャーノ（散らす用） — 適量

**下準備**
・チーズとバジルのスコーンと同様。

1　ボウルにAとパルミジャーノを入れ（粉類はふるい入れる）、カードでバターのかたまりがなくなるまで砕く。さらに指先でひねりつぶすようにし、最後は手のひらですり合わせて細かくする。
2　チーズとバジルのスコーンの2〜4と同様に作る（2でバジルは加えない）。
3　チーズとバジルのスコーンの5と同様に作り、塗り卵を塗ったら、パルミジャーノを散らし、6と同様に焼く。

# 10 青ねぎガーリックスコーン

韓国で食べたチャイブのスコーンをアレンジ。にんにくバターをトッピングしてもおいしい。

**材料**（直径5cmの丸型8個分）
A
　グラニュー糖 — 10g
　＊薄力粉 — 100g
　＊強力粉 — 100g
　＊ベーキングパウダー — 10g
　粗びき黒こしょう — 1g
　バター — 70g
パルミジャーノ・レッジャーノ
　（削ったもの） — 40g
○牛乳 — 70㎖
○全卵 — 1個（50g）
○にんにく（すりおろす） — 1片
青ねぎ（小口切り） — 40g
塗り卵（全卵） — 適量

**下準備**
・チーズとバジルのスコーンと同様。

1 ボウルにAとパルミジャーノを入れ（粉類はふるい入れる）、カードでバターのかたまりがなくなるまで砕く。さらに指先でひねりつぶすようにし、最後は手のひらですり合わせて細かくする。

2 チーズとバジルのスコーンの2〜3と同様に作る。2で液体類が混ざったら、バジルの代わりに青ねぎを加える。

3 生地をオーブンシートで挟み、2.5cmの厚さ、10×20cmほどの大きさに麺棒で伸ばす。

4 直径5cmの丸型に多めに打ち粉をつけ、垂直に落とすようにして勢いよく生地を抜く。オーブンシートを敷いた天板に間隔を空けて並べ、塗り卵を刷毛で表面に塗る。

5 オーブンを200度に下げて15分ほど焼き、網の上で冷ます。

---

**にんにくバターの作り方**
バター（50g）は常温に戻す。にんにく（1/2片）はすりおろす。青ねぎ（10g）は小口切りにする。バターをゴムべらで混ぜてやわらかくし、にんにく、塩ひとつまみを加えて混ぜ、最後に青ねぎを加えて混ぜる。

CHAPTER TWO

ブリニとディップ

# 11 ブリニ

ロシア発祥の小さなパンケーキで、
フランスではスーパーでも売っているほど定番。
ディップをのせて、前菜としてよく食べられます。
しっとりとした軽い食べ心地が、おつまみ向き。
焼いたものは冷凍保存もできます。

材料（約20枚分）
プレーンヨーグルト（無糖）— 300g
薄力粉 — 100g
ベーキングパウダー — 4g
塩 — ふたつまみ
全卵 — 1個（50g）

1. ボウルにザルとキッチンペーパーをセットし、ヨーグルトをのせて水きりし、200gにする。
2. ボウルに薄力粉、ベーキングパウダー、塩を合わせてふるい入れ、泡立て器で混ぜる。1の水きりヨーグルトと溶きほぐした卵を合わせ、2回に分けて加えて混ぜ[a]、泡立て器ですり混ぜてなめらかにする[b]。
3. フライパンを熱して、植物油少々（材料外）をひいて弱火にかけ、生地をレードルで直径5〜6cmの大きさに落として焼く。表面がぷつぷつしてきたら[c]裏返して反対面も焼き、両面にうっすら焼き色がついたら取り出す。同様にすべての生地を焼く。好みのディップ（P.76〜77）をのせて食べる。

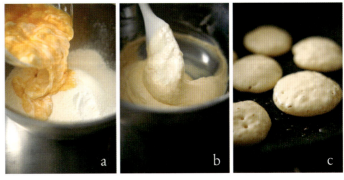

a b c

CHAPTER TWO

## ディップいろいろ

ブリニ（P.74）にのせるディップを紹介します。
ラボッシュクラッカー（P.39）や
プレーンスコーン（P.68）などにつけて食べるのもおすすめ。
色もきれいな5色のディップは、目でも楽しめます。

### スモークサーモンのディップ

**材料**（作りやすい分量）
A
　クリームチーズ — 100g
　粒マスタード — 10g
　レモン果汁 — 小さじ1
　塩 — 3g
　粗びき黒こしょう — 1g
スモークサーモン — 50g
ディルの葉（みじん切り） — 5本分

1　フードプロセッサーにAを入れてペースト状にする。
2　スモークサーモンをちぎって加え、同様に撹拌する。ディルを加えてさっと混ぜる。

### 枝豆のディップ

**材料**（作りやすい分量）
枝豆（生または冷凍） — 正味100g
パルミジャーノ・レッジャーノ（削ったもの） — 30g
サワークリーム — 60g
オリーブオイル — 20ml
塩、こしょう — 各ふたつまみほど

1　枝豆は生の場合、4%の塩水で5分ほどゆでて、冷めたらさやから取り出して分量を用意する。
2　フードプロセッサーに1とパルミジャーノ、サワークリーム、オリーブオイルを入れてペースト状にする。塩、こしょうで味を調える。

## 赤パプリカのフムス

**材料**（作りやすい分量）
赤パプリカ ― 1個（正味70g）
ひよこ豆（ゆでたもの） ― 200g
オリーブオイル ― 30ml
白ごまペースト ― 15g
にんにく（すりおろす） ― 1/2片
レモン果汁 ― 小さじ1
塩 ― ふたつまみ

1　赤パプリカは丸ごとオーブントースターや魚焼きグリルで皮が黒くなるまで焼き、皮と種を取り除いて冷ます。
2　赤パプリカ以外の材料をフードプロセッサーに入れてペースト状にし、最後に赤パプリカを加えてなめらかになるまで撹拌する（かたければひよこ豆のゆで汁で調節する）。

## たらのブランダード

**材料**（作りやすい分量）
生たら（切り身） ― 200g
じゃがいも（メークイーン）
　― 小2個（100g）
にんにく（みじん切り） ― 1片
牛乳 ― 125ml
水 ― 125ml
塩、こしょう ― 各適量
オリーブオイル ― 25ml
生クリーム（乳脂肪分36％） ― 25g

1　たらは塩を多めにふって10分おき、出てきた水気をキッチンペーパーで拭く。
2　じゃがいもは皮付きのまま5等分の輪切りにし、塩ひとつまみを加えた水（分量外）に入れて中火にかける。竹串を刺してすっと通るまでゆでたら、皮をむいてボウルに入れてフォークでつぶす。
3　別の鍋に牛乳、水、にんにくを入れて火にかけ、沸騰したら弱火にし、1のたらを加えて火が通るまで3〜4分煮る。たらを取り出して身をほぐす。
4　2のじゃがいも、3のたらをフードプロセッサーに入れてペースト状にし、塩、こしょう、オリーブオイル、生クリームを加えて混ぜる。

## カリフラワーのカレーディップ

**材料**（作りやすい分量）
カリフラワー
　― 1/2個（約150g）
カレー粉 ― 大さじ1
クミンパウダー ― 小さじ1
ナツメグパウダー ― 小さじ1
クリームチーズ ― 100g
にんにく（すりおろす） ― 1/2片
レモン果汁 ― 大さじ1/2
パルミジャーノ・レッジャーノ（削ったもの） ― 20g
オリーブオイル ― 20ml
パクチーの葉 ― 3g
塩、こしょう ― 各適量

1　カリフラワーは一口大に切ってボウルに入れ、カレー粉、クミン、ナツメグを加えて絡める。200度のオーブンで10分焼き、冷ます。
2　すべての材料をフードプロセッサーに入れてペースト状にする。

CHAPTER TWO

そば粉のガレット

## 12 クリームチーズと サーモンのガレットロール

ガレットはフライパンをしっかり温めてから
焼くのがポイント。隙間が空かないように
きつめに巻くと、断面がきれいなうずまきになります。

材料（直径20cm 5枚分）
そば粉 — 65g
塩 — 1g
水 — 100㎖
牛乳 — 50㎖
全卵 — 1/2個（25g）
バター — 15g
フィリング（ガレット2枚分）
　クリームチーズ — 100g
　塩、こしょう — 各ひとつまみ
　粒マスタード — 10g
　ディルの葉（みじん切り） — 2本分
　スモークサーモン — 50g

下準備
・バターは電子レンジ（600W）で20秒ほど温め、溶かしておく。

1 ボウルにそば粉、塩を入れて泡立て器で混ぜ、中央にくぼみを作る。
2 別のボウルに水、牛乳、全卵を入れて泡立て器で混ぜる。
3 1のくぼみに2を3回に分けて加え[a]、土手を崩すように少しずつ全体を混ぜる[b]。
4 溶かしバターも加えて混ぜ、1時間以上冷蔵庫に入れて休ませる。
5 生地を再度泡立て器で混ぜて均一にする。熱したフライパンにバター少々（分量外）を入れて溶かし、お玉1杯分の生地を広げる。焼き色がついたら上下を返し、反対面も同様に焼き、取り出して冷ます。
6 ボウルにクリームチーズ、塩、こしょう、粒マスタード、ディルを入れてゴムべらで混ぜる。
7 オーブンシートにガレットを1枚置き、6の1/2量を周囲1cm空けて塗り、スモークサーモンの1/2量をまんべんなく広げる。手前からくるくるときつめに巻き[c]、ラップできつく包んで冷蔵庫で固まるまで冷やす。食べやすい大きさにカットする。

## 13 マッシュルームとハムのガレット

卵とハムとマッシュルームの組み合わせは
ランチにもぴったり。焼きたてをどうぞ。

材料（直径20cm 5枚分）
そば粉 — 65g
塩 — 1g
水 — 100mℓ
牛乳 — 50mℓ
全卵 — 1/2個（25g）
バター — 15g
フィリング（ガレット2枚分）
　全卵（溶きほぐす）— 2個
　マッシュルーム（薄切り）— 3個
　ハム — 4枚
　パルミジャーノ・レッジャーノ
　　（削ったもの）— 適量

下準備
・バターは電子レンジ（600W）で20秒ほど温め、溶かしておく。

1 ボウルにそば粉、塩を入れて泡立て器で混ぜ、中央にくぼみを作る。
2 別のボウルに水、牛乳、全卵を入れて泡立て器で混ぜる。
3 1のくぼみに2を3回に分けて加え、土手を崩すように少しずつ全体を混ぜる。
4 溶かしバターも加えて混ぜ、1時間以上冷蔵庫に入れて休ませる。
5 生地を再度泡立て器で混ぜて均一にする。熱したフライパンにバター少々（分量外）を入れて溶かし、お玉1杯分の生地を広げる。
6 表面が乾いてきたら溶き卵1/2量、ハム2枚、マッシュルーム1/2量の順にのせる。卵に火が通ったら四隅を折りたたみ、パルミジャーノをふる。

## 14 ガレットチップス
## リエットとラズベリージャム添え

ガレットが余ったら、オーブンで焼いてチップスに。
これが今、フランスで流行りの食べ方です。
リエットやジャムをつけても、そのまま食べてもおいしい。

材料（作りやすい分量）
ガレット ― 適量
オリーブオイル ― 適量
粗塩 ― 適量
ローズマリー（ドライ）― 適量
リエット（市販のもの）― 適量
ラズベリージャム（市販のもの）
　― 適量

下準備
・オーブンは焼く前に190度に予熱する。

1　冷めたクレープを包丁で一口大に切り、オーブンシートを敷いた天板に広げる。
2　刷毛でオリーブオイルを表面に塗り、塩とローズマリーを散らす [ a ]。
3　オーブンを180度に下げて10〜15分、カリッとするまで焼き、網の上で冷ます。リエットやジャムをつけて食べる。

a

CHAPTER TWO

パンアレンジ

## 15　フレンチトーストサレ

ハムとチーズを挟んで焼いた、
甘くないフレンチトースト。
焼く面のみに卵液をつけて、こんがりと焼きます。

材料（食パン2枚1組分）
食パン（6枚切り） ― 2枚
全卵 ― 1個
牛乳 ― 50㎖
パルミジャーノ・レッジャーノ
　（削ったもの） ― 10g
塩、こしょう ― 各ひとつまみ
生ハム ― 2枚
コンテチーズ ― 1枚

1　食パンは耳を切り落とし、麺棒で薄くする。
2　ボウルに全卵、牛乳、パルミジャーノ、塩、こしょうを入れて混ぜ、バットに移す。
3　食パンの片面をそれぞれ2分ずつ2の卵液につける。
4　卵液がついていないパンの面に生ハム1枚、コンテチーズ1枚、生ハム1枚をのせ、卵液がついている面を上にしてもう1枚の食パンをのせる。
5　フライパンを火にかけ、バター適量（材料外）を入れて溶かし、4を入れる。こんがりと焼き色がついたら上下を返し、両面に焼き色をつける。

## 16 こしょうのラスク

にんにくバターを塗って焼いた塩味のラスクは、
こしょうを多めにトッピングするとお酒に合う味に。
残ってかたくなったバゲットで作ってください。

材料（作りやすい分量）
バゲット ― 1/2本
バター ― 50g
にんにく（すりおろす）― 1/2片
塩 ― 1g
粗びき黒こしょう ― 1g
パセリの葉（みじん切り）― 3g

下準備
・オーブンは焼く前に160度に予熱する。

1　バゲットは5〜7mmの厚さに切る。100度のオーブンで10〜15分乾燥焼きし、水分を飛ばしておく。
2　バターは電子レンジ（600W）で20秒ほど加熱して溶かし、にんにく、塩、黒こしょうを加えて混ぜる。
3　オーブンシートを敷いた天板に1を並べ、刷毛で2をたっぷり塗る。パセリを散らし、さらに黒こしょう（分量外）を多めにふりかける。
4　オーブンを150度に下げて12分ほど焼き、網の上で冷ます。

## ケーキ類のラッピングアイディア

　マフィンやケークサレ、スコーンなどの焼き菓子はちょっとしたプレゼントにぴったり。その際の簡単なラッピングをいくつかご紹介します。
　あると便利なのはワックスペーパーとOPP袋。ワックスペーパーは表面にワックスをコーティングした紙で油をはじく性質があるため、マフィンやケークサレを包んだときに油分が染み出さずにすみます。適当な大きさにカットしてラフに包み、マスキングテープで留めたりねじったりするだけで素敵。最近では、カラーバリエーションも増えているので（写真はHOSHINOの商品）、色選びも楽しんでみてください。
　OPP袋を使ったラッピング方法もひとつご紹介。袋の中にスコーンなどを入れてから口を閉じ、開口部分に沿ってラフィアなどのリボンを当てます。そのまま口を閉じるようにくるくるとリボンごと巻いていき、固定されたところで、両側から出ているリボンを結ぶと、持ち手付きのお菓子バッグのでき上がり（写真右）。テープなどを使わずに袋とリボンだけでできるのもいいところです。
　これらのケーキ類はオーブントースターや電子レンジなどで温め直して食べると、焼きたてのおいしさがよみがえります。そうひと言、メモを添えてどうぞ。

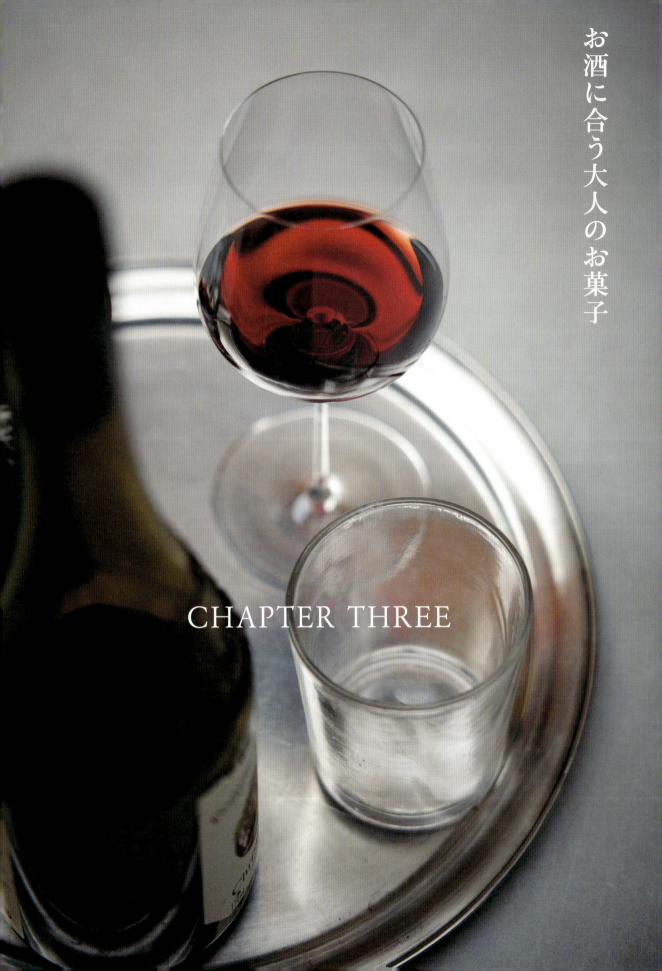

お酒に合う大人のお菓子

CHAPTER THREE

CHAPTER THREE

## チーズテリーヌ

極限まで水分を多くして、
とろけるようにやわらかいテリーヌに。
濃厚なチーズの味わいは、
オレンジワインやロゼワインによく合います。

材料（縦18×横8.5×高さ6cmの
　　　パウンド型1台分）
クリームチーズ ― 200g
サワークリーム ― 100g
バニラエッセンス ― 5滴
グラニュー糖 ― 100g
全卵 ― 2個（100g）
卵黄 ― 1個分（20g）
生クリーム（乳脂肪分45%） ― 150g
レモン果汁 ― 10ml
コーンスターチ ― 20g

下準備
・クリームチーズ、サワークリームは常温に戻しておく。
・パウンド型にオーブンシートを敷き、外側をアルミホイルで覆う。
・50度ほどの湯を用意しておく。
・オーブンは焼く前に170度に予熱する。

1　ボウルにクリームチーズ、サワークリーム、バニラエッセンスを入れて泡立て器でなめらかにし、グラニュー糖も加えて混ぜる[a]。
2　全卵、卵黄の順に加えて混ぜる[b]。
3　生クリーム、レモン果汁も加えて混ぜ[c]、コーンスターチをふるい入れて混ぜる[d]。
4　ザルで濾し[e]、パウンド型に流し込む[f]。
5　バットにキッチンペーパーを敷いて4を置き、50度ほどの湯を2～3cmの高さまで注ぐ。
6　170度のオーブンで45～50分、揺すると生地がふるふると動く状態まで湯煎焼きにする。
7　粗熱が取れたら冷蔵庫でしっかり冷やし固める。

CHAPTER THREE

### バニラスフレ

できたてのふわふわをほおばる温かいデザート。
カルバドスやブランデーとともにどうぞ。
カスタードをしっかりほぐしてダマをなくしてから
メレンゲをさっくり混ぜ合わせるのがポイント。

材料 （口径8×高さ5cmの
　　　　ココット2個分）
カスタード
　卵黄 — 40g
　グラニュー糖 — 15g
　薄力粉 — 15g
　牛乳 — 90㎖
　バニラエッセンス — 5滴
メレンゲ
　卵白 — 80g
　グラニュー糖 — 30g

下準備
・ココットにポマード状にやわらかくしたバター（材料外）を刷毛で均一に塗り、縁は少し厚めに塗る。グラニュー糖（分量外）もまぶしておく。
・オーブンは焼く前に190度に予熱する。

1　カスタードを作る。ボウルに卵黄をほぐし入れ、グラニュー糖を加えて泡立て器ですり混ぜる[a]。白っぽくなるまで混ぜたら、薄力粉もふるい入れて混ぜる。
2　鍋に牛乳とバニラエッセンスを入れ、沸騰直前まで中火にかける。
3　1のボウルに2を3回に分けて加えて混ぜ[b]、鍋に戻す。
4　鍋を中火にかけて泡立て器で混ぜ続け、ふつふつとしてからさらに15秒ほどとろみが出るまで加熱したら[c]バットに移し、カスタードに密着するようにラップをかけて冷蔵庫で粗熱を取る。
5　常温に冷ましたカスタードはボウルに入れて、泡立て器でしっかりほぐしてダマをなくす[d]。
6　メレンゲを作る。ボウルに卵白を入れてハンドミキサーで混ぜ、ある程度泡立ってきたら3回に分けてグラニュー糖を加え、ツノの先が軽くおじぎするくらいのかたさまで泡立てる[e]。
7　メレンゲを3回に分けて加えていく。1回目は泡立て器で下からすくい上げるようにダマがなくなるまで混ぜる[f]。2、3回目はゴムべらで下からすくい上げるようにさっくり混ぜる[g]。
8　ココットに生地を流し入れ、表面を平らにし、縁を手でくぼませる[h]。
9　オーブンを180度に下げて18分ほど焼き、温かいうちに食べる。真ん中にカルバドス（材料外）を垂らすとさらにおいしい。

CHAPTER THREE

# いちじくの生チョコ

口溶けのよい生チョコに
プチプチした食感のいちじくを。
しっかりしたボディの赤ワインと合わせます。

**材料**（縦20.5×横16×高さ3cmの
　　　ほうろうバット1台分）
チョコレート（スイート60%）— 120g
生クリーム（乳脂肪分45%）— 60g
バター — 15g
干しいちじく — 60g
ココアパウダー — 適量

**下準備**
・バターは常温に戻しておく。
・干しいちじくは湯通しし、水気を拭いて1cm角に切る。
・バットにオーブンシートを敷く。

1 チョコレートは耐熱ボウルに入れ、電子レンジ（600W）で1分加熱しては混ぜるのを3回繰り返し、溶かしておく（湯煎で溶かしてもよい）。
2 別の耐熱容器に生クリームを入れ、電子レンジ（600W）で30秒ほど加熱する。
3 1のチョコレートに2の生クリームを加え、泡立て器で円を描いてすり混ぜるようにして乳化させる。
4 乳化したら温かいうちにバターを加え、余熱でバターを溶かしてすり混ぜる。
5 いちじくも加えてゴムべらでさっくり混ぜ、バットに流し込み[a]、冷蔵庫で3時間冷やし固める。
6 包丁で2cm角に切り、ココアパウダーをまぶす。

a

# ポドクレームショコラ

プリンとクレームブリュレの中間のような食感。
甘さ控えめで、チョコレートのほろ苦さを感じられます。
しっかり冷やしてホイップクリームと一緒に。

**材料**（口径7.5×高さ5.7cmの
　　　耐熱容器5個分）
牛乳 — 150ml
生クリーム（乳脂肪分36%）— 100g
チョコレート（スイート60%）— 80g
卵黄 — 40g
グラニュー糖 — 20g
ホイップクリーム
　｜生クリーム（乳脂肪分36%）— 100g
　｜グラニュー糖 — 10g

**下準備**
・オーブンは焼く前に150度に予熱する。
・50度ほどの湯を用意しておく。

1 チョコレートは耐熱ボウルに入れ、電子レンジ（600W）で1分加熱しては混ぜるのを3回繰り返し、溶かしておく（湯煎で溶かしてもよい）。
2 鍋に牛乳と生クリームを入れて火にかけ、沸騰直前で火を消す。1のチョコレートに3回に分けて加え、その都度泡立て器ですり混ぜ、チョコレートにツヤが出たら次の液体を加えて溶かす。
3 別のボウルに卵黄とグラニュー糖を入れて1分ほどすり混ぜる。
4 3のボウルに2を3回に分けて加え[a]、その都度泡立て器ですり混ぜ、濾し器で濾す。
5 耐熱容器に4を1/5量ずつ入れて、アルミホイルをかぶせる。バットに置き、50度ほどの湯を2〜3cmの高さまで注ぐ。150度のオーブンで20〜25分、揺すって弾力がある状態まで湯煎焼きにする。粗熱が取れたら冷蔵庫で冷やし固める。
6 氷水に当てたボウルに生クリームとグラニュー糖を入れ、ハンドミキサーでもったりするまで泡立てる。これを5にのせる。

a

CHAPTER THREE

# バルサミコラズベリーソースとシェーブルのアイスクリーム

甘酸っぱく濃厚なアイスクリーム。
甘さの中に、清涼感と奥深さのある味わいです。
ラズベリージャムは混ぜすぎず、
マーブル状のまま冷やし固めます。

**材料**（縦20.5×横16×高さ3cmの
　　　　ほうろうバット1台分）
クリームチーズ — 50g
シェーブルチーズ — 50g
プレーンヨーグルト（無糖）— 100g
グラニュー糖 — 60g
ホイップクリーム
　生クリーム（乳脂肪分36%）— 80g
　グラニュー糖 — 10g
ラズベリージャム
　冷凍ラズベリー — 100g
　グラニュー糖 — 50g
　バルサミコ酢 — 15㎖

**下準備**
・クリームチーズ、シェーブルチーズは
　常温に戻しておく。

1　ラズベリージャムを作る。鍋にラズベリー、グラニュー糖を入れて水分が出るまでおく。中火にかけ、沸騰してから5分ほど煮詰める。とろっとしてきたらバルサミコ酢を加えて1分ほど煮詰め、耐熱容器に入れて冷ましておく（冷めたときに少しとろみがつくくらい）。
2　ボウルにザルとキッチンペーパーをセットし、ヨーグルトをのせて水きりし、50gにする。
3　ボウルにクリームチーズ、シェーブルチーズを入れて泡立て器で混ぜてなめらかにし、水きりヨーグルト、グラニュー糖も加えて混ぜる[a]。
4　氷水に当てた別のボウルに生クリームとグラニュー糖を入れ、ハンドミキサーで七分立てにする[b]。
5　3に4の生クリームを2回に分けて加え、ゴムべらでさっくり混ぜ合わせる。
6　1のラズベリージャムを加えて2〜3回さっくり混ぜ[c]、マーブル状のままバットに入れてならし、ラップをかけて冷凍庫で冷やし固める。
7　ディッシャーなどですくって器に盛る。

CHAPTER THREE

PAGE 94

# ブランデーケーキ

ふわふわでとっても軽い口当たり。
ブランデーの香りがしっかり感じられる、
大人のための上質なケーキです。

**材料**（縦18×横8.5×高さ6cmの
　　　　パウンド型1台分）
バター — 80g
はちみつ — 10g
全卵 — 2個（100g）
きび砂糖 — 80g
＊薄力粉 — 90g
＊アーモンドパウダー — 20g
ブランデー — 10mℓ
シロップ
　きび砂糖 — 30g
　水 — 30mℓ
　ブランデー — 10mℓ

**下準備**
・バターと全卵は常温に戻しておく。
・パウンド型にオーブンシートを敷く。
・粉類（＊）は合わせておく。
・オーブンは焼く前に180度に予熱する。

1　シロップを作る。きび砂糖、水を鍋に入れて沸騰させ、耐熱容器に入れて冷ます。冷めたらブランデーを加える。
2　バターとはちみつは耐熱容器に入れて、湯煎で溶かしておく（電子レンジの場合、600Wで20〜30秒加熱して溶かし、40度くらいの温度にする）。
3　ボウルに全卵を入れてハンドミキサーの羽根で軽くほぐす。きび砂糖を加え、約70度の湯煎にかけながら完全になじむまですり混ぜて、約40度になるまで温める[a]。
4　3のボウルを湯煎から外し、ハンドミキサーの高速で3分ほど混ぜる。
5　すくって流れ落ちた跡が3秒ほどで消えるくらいになったら[b]、40度ほどに温めた2をゴムべらに伝わせながら回し入れ[c]、片手でボウルを回しながら、底から大きくすくい返すようにして全体を40回ほど混ぜる。
6　粉類をふるいながら4回ほどに分けて加え、その都度同様に20回ほど混ぜる。
7　最後にブランデーも加えて10回ほどさっくり混ぜる[d]。
8　パウンド型に生地を入れて表面を平らにならし、オーブンを170度に下げて35分ほど焼く。竹串を刺して生地がついてこなければ焼き上がり。
9　型を高さ10cm程度から台に2回ほど落とす。オーブンシートごと取り出して網にのせ、オーブンシートを外して熱いうちに1のシロップを表面と側面に刷毛で塗り、冷ます。

a　b　c　d

## 加藤里名
### RINA KATO

菓子研究家。合同会社Sucreries代表。大学卒業後、会社員として働きながら「イル・ブルー・シュル・ラ・セーヌ」の菓子教室にてフランス菓子を学び、渡仏。「ル・コルドンブルー・パリ」の菓子上級コースを卒業後、パリのパティスリー「ローラン・デュシェーヌ」にて研修。2015年より東京・神楽坂にて、フランス菓子をベースとした洋菓子教室を主宰。その他、クッキー缶の通信販売や百貨店での催事出店、メディアやカフェレストランへのレシピ提案など幅広く活動。『はじめてのクッキー缶 もらってうれしい小さなお菓子と詰め方のコツ』（家の光協会）ほか著書多数。

HP　https://www.rina-kato-sucreries.com/
Instagram　@rinakato_sucreries

---

| | |
|---|---|
| デザイン | 三上祥子（Vaa） |
| 撮影 | 木村 拓（東京料理写真） |
| スタイリング | 西﨑弥沙 |
| 撮影アシスタント | 森本成美、新名綾子、大久保奈美 |
| 校正 | 安久都淳子 |
| DTP制作 | 天龍社 |
| 編集 | 広谷綾子 |

甘くないから、軽食にもおつまみにも

# 塩クッキーとケーキ

2024年10月20日　第1刷発行

著　者　　加藤里名
発行者　　木下春雄
発行所　　一般社団法人 家の光協会
　　　　　〒162-8448　東京都新宿区市谷船河原町11
　　　　　電話　03-3266-9029（販売）
　　　　　　　　03-3266-9028（編集）
　　　　　振替　00150-1-4724
印刷・製本　株式会社東京印書館

乱丁・落丁本はお取り替えいたします。
定価はカバーに表示してあります。
本書のコピー、スキャン、デジタル化等の無断複製は、著作権法上での例外を除き、禁じられています。
本書の内容の無断での商品化・販売等を禁じます。

©Rina Kato 2024 Printed in Japan
ISBN978-4-259-56816-0 C0077